民族文字出版专项资金资助项目
མི་རིགས་སྐད་ཡིག་དཔེ་སྐྲུན་གྱི་ཆེད་དོན་མ་དངུལ་རོགས་སྐྱོར་རྣམ་གྲངས།

青少年核心素养丛书

གཞོན་ནུ་ལོ་ཆུང་གི་བྱང་ཆད་གསོ་སྐྱོང་སྙེ་བར་འཛིན་པའི་དཔེ་ཚོགས།

青少年礼仪教育知识手册

གཞོན་ནུ་ལོ་ཆུང་གི་ཀུན་ལུགས་སློབ་གསོའི་ཤེས་བྱའི་ལག་དེབ།

张丽◎主编　　益西绕吉◎译
ཀྲང་ལི་ཡིས་བསྒྲིགས།　　ཡེ་ཤེས་རབ་རྒྱས་ཀྱིས་བསྒྱུར།

བོད་ལྗོངས་བོད་ཡིག་དཔེ་རྙིང་དཔེ་སྐྲུན་ཁང་།
西藏藏文古籍出版社

图书在版编目（CIP）数据

青少年礼仪教育知识手册 ： 汉文、藏文 / 张丽主编 ; 益西绕吉译 . -- 拉萨 ： 西藏藏文古籍出版社， 2022.5

ISBN 978-7-5700-0711-0

Ⅰ. ①青… Ⅱ. ①张… ②益… Ⅲ. ①礼仪—青少年读物—汉、藏 Ⅳ. ①K891.26-49

中国版本图书馆 CIP 数据核字（2022）第 066549 号

青少年礼仪教育知识手册

主　　编	张 丽
责任编辑	次 巴　赵保利
译　　者	益西绕吉
装帧设计	拉 姆
出　　版	西藏藏文古籍出版社　邮政编码：850000 打击盗版：0891-6930339
印　　刷	三河市腾飞印务有限公司
经　　销	全国新华书店
开　　本	16 开（710mm×1 000mm）
印　　张	7.75
印　　数	01—3,000
字　　数	74.4 千
版　　次	2022 年 11 月第 1 版
印　　次	2022 年 11 月第 1 次印刷
标准书号	ISBN 978-7-5700-0711-0
定　　价	31.00 元

前　言

我国一直以来都是礼仪之邦。礼仪历来都是衡量社会文明和道德品质的标尺。中华民族尊老敬贤、百善孝为先、以礼相待、宽容待人等优良传统，对提升个人品质、弘扬民族传统文化、促进社会文明有重要的作用。如今全球化发展趋势越加明显，中华传统文明礼仪也正顺应时代变化，不断丰富、吸收外来文化的精华，使现代文明礼仪规范更符合人们的需求。中国传统的礼仪文化底蕴和现代文明的礼仪规范完美结合，为我们开展礼仪教育奠定了坚实的基础。

礼仪是制约人们行为的一种准则，是立足于社会的必备规范。礼仪教育是实现应试教育向素质教育转型所必需的一种教育方式。“教书育人”，不仅是要教孩子们学习知识，还要教育孩子们如何做一个有用之人；培养孩子们的思想道德修养，提高孩子们的文明素质，帮助他们养成良好的行为习惯。

本书共有六个章节，分别介绍了礼仪知识、个人形象、校园礼仪、家庭礼仪、公共场所礼仪和社会交往礼仪。不仅介绍了礼仪的定义及其特征，礼仪的起源和发展，还简要说明了礼仪的基本原则、功能和作用，及如何塑造良好的个人形象，并从服饰、仪态、致意礼仪、行为举止、礼貌用语、称呼等方面进行了详细介绍，阐明个人形象在人际交往过程中的重要性。对于在校园里应该遵守的礼仪，本书介绍了出入学校、校园和班级、课间活动、师生之间交往等方面的礼仪；在家庭礼仪方面，介绍了尊老爱幼、访客待客、餐桌礼仪等内容。在第五章介绍了出行时需要遵守的礼仪知识，如在公共场所遵守礼仪能够保持良好的形象，不影响他人。最后一章介绍了在社会交往中应遵守的礼仪知识。

本书通俗易懂，科学实用，既总结了我国优秀的传统礼仪文化，又吸收了适合我国国情的国际礼仪规范，具有很强的实用性、实践性。中小学生学习这些知识有利于提升个人素质修养，赢得更多人的尊重和信任。

སྔོན་འགྲོའི་གཏམ།

རང་རྒྱལ་ནི་གནའ་ནས་ད་བར་གུས་སྲོལ་ལྡན་པའི་རྒྱལ་ཁབ་ཅིག་ཡིན། གུས་སྲོལ་ནི་གནའ་ནས་བཟུང་སྤྱི་ཚོགས་ཀྱི་དཔལ་ཡོན་དང་ཀུན་སྤྱོད་ཀྱི་སྤུས་ཚད་ཞིབ་བསྡུར་བྱེད་པའི་ཚད་ཤིང་ལྟ་བུ་ཞིག་ཡིན་ཐོག །ཀྲུང་ཧྭ་མི་རིགས་ཀྱི་ཐན་རབས་དང་སྤྱོད་ཡོན་ཅན་གོང་དུ་བཀུར་བ་དང་། དགེ་བའི་ལས་ཀྱི་ནང་ནས་སྲི་ཞུ་མཆོག་ཏུ་འཛིན་པ། གཞན་ལ་གུས་ཞབས་ཆེ་ཞིང་བློ་བག་ཡངས་པ་སོགས་ཀྱི་རྒྱུན་སྲོལ་བཟང་པོ་དེས་རང་དོས་ཀྱི་གཤིས་རྒྱུད་ཇེ་བཟང་དུ་གཏོང་བ་དང་། མི་རིགས་ཀྱི་སྲོལ་རྒྱུན་རིག་གནས་དར་སྤེལ་གཏོང་བ། སྤྱི་ཚོགས་ཀྱི་ཤེས་དཔལ་ལ་སྐུལ་འདེད་གཏོང་བ་བཅས་ཀྱི་ཐད་ནུས་པ་གལ་ཆེན་ཐོན་ཡོད། ད་ཆ་ཕྱོགས་ཡོངས་འཛམ་གླིང་ཅན་གྱི་ཕྱོགས་སུ་འཕེལ་རྒྱས་འགྲོ་ཚུལ་མངོན་གསལ་དོད་དུ་ཕྱིན་ཡོད་པ་དང་། ཀྲུང་ཧྭའི་སྲོལ་རྒྱུན་ཤེས་དཔལ་གྱི་གུས་སྲོལ་ཡང་དུས་རབས་ཀྱི་འགྱུར་ལྡོག་དང་བསྟུན་ནས་ཕྱི་ནས་ཡོང་བའི་རིག་གནས་ཀྱི་སྙིང་བཅུད་དག་རྒྱུན་ཆད་མེད་པར་བསྡུ་ལེན་དང་ཕུན་སུམ་ཇེ་ཚོགས་སུ་བཏང་སྟེ་དེང་རབས་ཀྱི་ཡ་རབས་གུས་སྲོལ་གྱི་ཚད་གཞི་དེ་མི་རྣམས་ཀྱི་དགོས་མཁོ་དང་དེ་བས་འཚམ་པར་བྱས་ཤིང་། ཀྲུང་གོའི་སྲོལ་རྒྱུན་གྱི་གུས་སྲོལ་རིག་གནས་ཀྱི་ནང་དོན་དང་དེང་རབས་ཤེས་དཔལ་གྱི་ཚད་གཞི་ཟུང་སྦྲེལ་གང་ལེགས་བྱས་པས་ང་ཚོས་གུས་ལུགས་སློབ་གསོ་སྤེལ་རྒྱུར་རྨང་གཞི་བཟང་པོ་འདིང་ཐུབ་པ་བྱུང་ཡོད།

གུས་སྲོལ་ནི་མི་རྣམས་ཀྱི་བྱ་སྤྱོད་ལ་ཚོད་འཛིན་བྱེད་པའི་ཚད་གཞི་ཞིག་ཡིན་ལ། སྤྱི་ཚོགས་ལ་གཞི་རྩུགས་པར་ངེས་པར་དུ་ཚང་དགོས་པའི་ཚད་གཞི་ཞིག་ཀྱང་ཡིན། གུས་སྲོལ་སློབ་གསོ་ནི་རྒྱུགས་ལེན་སློབ་གསོ་དེ་བྱང་ཚད་སློབ་གསོའི་ཕྱོགས་སུ་བསྒྱུར་བར་དགོས་ངེས་ཀྱི་སློབ་གསོའི་རྣམ་པ་ཞིག་ཡིན་ཞིང་། "དཔེ་ཁྲིད་ཀྱིས་མི་སྣ་སྐྱོང་"ཞེས་པ་ནི་ཕྱུ་གུ་ཚོར་ཤེས་

བྱ་སློབ་སྦྱོང་བྱེད་དུ་འཇུག་དགོས་པ་མ་ཟད། ཇི་ལྟར་ཕན་ཐོགས་ཡོད་པའི་མི་ཞིག་བྱ་དགོས་པའི་སྐོར་གྱི་སློབ་གསོ་བརྒྱབ་ནས། ཕྲུ་གུའི་ཚོའི་བསམ་བློ་ཀུན་སྤྱོད་གསོ་སྐྱོང་དང་། ཤེས་རིག་བྱང་ཚད་མཐོ་རུ་གཏོང་བ། གོམས་གཤིས་བཟང་པོ་འཛུགས་པ་བཅས་ཡོང་རྒྱུར་རོགས་རམ་བྱེད་ཐུབ་པ་ལ་ཟེར།

དེབ་འདི་ཁྱོན་ལེའུ་དྲུག་ཏུ་རིགས་དབྱེ་བྱས་ཡོད་པ་དེའང་། གུས་སྲོལ་གྱི་ཤེས་བྱ་དང་། མི་སྣེར་གྱི་རྣམ་པ། སློབ་ཪའི་གུས་སྲོལ། ཁྱིམ་ཚང་གི་གུས་སྲོལ། མི་ཚོགས་མང་འདུས་ཁུལ་གྱི་གུས་སྲོལ། སྤྱི་ཚོགས་འབྲེལ་འདྲིས་ཀྱི་གུས་སྲོལ་བཅས་རེ་རེ་བཞིན་ངོ་སྤྲོད་བྱས་ཡོད། དེ་བཞིན་གུས་སྲོལ་གྱི་མཚན་ཉིད་དང་དེའི་ཁྱད་ཆོས། འབྱུང་ཁུངས་དང་འཕེལ་རྒྱས་བཅས་ལ་ངོ་སྤྲོད་བྱས་པ་ཕུད། ད་དུང་གུས་སྲོལ་གྱི་གཞི་རྩའི་རྩ་དོན་དང་། བྱེད་ནུས། ཁྱད་ཆོས་བཅས་ལ་གསལ་བཤད་རགས་ཙམ་བྱས་པ་དང་། མི་སྣེར་གྱི་རྣམ་པ་བཟང་པོ་ཞིག་ཇི་ལྟར་བསྐྲུན་དགོས་མིན་དང་། ད་དུང་རྒྱན་གོས་དང་། ཉམས་འགྱུར། གུས་འདུད་ཞུ་བའི་སྲོལ། བྱ་སྤྱོད་ཀུན་སློང་། ཞེ་ས། མི་སྣ་མི་འདྲ་བའི་འབོད་ཚུལ་སོགས་ཀྱི་ཐད་ནས་ངོ་སྤྲོད་ཞིབ་ཕྲ་བྱས་ཏེ་སྣེར་གྱི་རྣམ་པས་མི་དང་མིའི་དབར་འབྲེལ་འདྲིས་བྱེད་པའི་བརྒྱུད་རིམ་ཁྲོད་བཟུང་བའི་གལ་ཆེའི་རང་བཞིན་དེར་གསལ་བཤད་བྱས་ཡོད། སློབ་གྲྭའི་ནང་བརྩི་སྲུང་ཞུ་དགོས་པའི་གུས་སྲོལ་ཐད་དཔེ་དེབ་འདིའི་ནང་སློབ་གྲྭ་དང་འཛིན་གྲྭར་འབྲེལ་འདྲིས་བྱེད་པ་དང་། སློབ་གསེང་གི་བྱེད་སྒོ། དེ་བཞིན་དགེ་སློབ་དབར་སྲུང་བརྩི་ཞུ་དགོས་པའི་གུས་སྲོལ་བཅས་ལ་ངོ་སྤྲོད་བྱས་ཡོད་ལ། ཁྱིམ་ཚང་གི་གུས་སྲོལ་ཐད་རྐན་བཀུར་གཞོན་གཅེས་དང་། སྐུ་མགྲོན་ལ་སྣེ་ལེན། གསོལ་ཚིགས་དང་འབྲེལ་བའི་གུས་སྲོལ་སྐོར་ཞིག་བཅས་ངོ་སྤྲོད་བྱས་ཡོད། ལེའུ་ལྔ་པར་ཕྱིར་ཐོན་སྐབས་སྲུང་བརྩི་ཞུ་འོས་པའི་གུས་སྲོལ་སྐོར་གྱི་ཤེས་བྱ་ངོ་སྤྲོད་བྱས་ཡོད་དེ། དཔེར་ན། མི་མང་འདུ་འཛོམས་བྱ་ཡུལ་དུ་གུས་སྲོལ་ལ་སྲུང་བརྩི་ཞུས་ཚེ་རང་ཉིད་ཀྱི་སྤྱོད་བཟང་ཕྱིར་མངོན་ནས་མི་གཞན་ལ་བག་ཆགས་ངན་པ་འཇོག་མི་སྲིད། ལེའུ་མཇུག་མ་ཤོས་དེར་སྤྱི་ཚོགས་ཀྱི་འབྲེལ་འདྲིས་ཁྲོད་སྲུང་བརྩི་ཞུ་དགོས་པའི་གུས་སྲོལ་གྱི་ཤེས་བྱ་ངོ་སྤྲོད་བྱས་ཡོད།

དེབ་འདི་ནི་གོ་བདེ་ཞིང་ཤེས་སླ་ལ། ཚན་རིག་དང་མཐུན་པ་གང་ཞིག །གཅིག་ནས་རང་རྒྱལ་གྱི་ཕྱུལ་བྱུང་གི་སྲོལ་རྒྱུན་ཀུས་སྲོལ་རིག་གནས་ཕྱོགས་བསྡོམས་བྱས་ཡོད་ལ། གཉིས་ནས་རང་རྒྱལ་གྱི་གནས་ཚུལ་དང་འཚམ་པའི་རྒྱལ་སྤྱིའི་ཀུས་སྲོལ་གྱི་ཚད་གཞི་ཡང་བསྡུ་ལེན་བྱས་ཡོད་པས། སྤྱོད་སྒོ་ཆེ་ལ་ལག་ལེན་རང་བཞིན་ཆེན་པོ་ལྡན་ཡོད། དེས་ན་སློབ་གྲྭ་འབྲིང་ཆུང་གི་སློབ་མས་ཤེས་བྱ་དེ་དག་སློབ་སྦྱོང་བྱས་ཆོ་རང་ངོས་ཀྱི་བྱང་ཚད་མཐོ་རུ་གཏོང་རྒྱུར་ཕན་ཐོགས་ཡོད་ལ་མི་དེ་བས་མང་བའི་བརྩི་འཇོག་དང་ཡིད་ཆེས་འཐོབ་རྒྱུར་ཡང་ཕན་ཐོགས་ཡོད།

目 录

དཀར་ཆག

ལེའུ་བཞི་པ། ཁྱིམ་ཚང་འཚོ་བར་གུས་ལུགས་ལྡན་གྱུར་ན། བརྩེ་བ་ལྡན་པའི་ཁྱིམ་ཞིག་ངང་གིས་ཡོང་།

ལེའུ་ལྔ་པ། མི་མང་འདུ་སར་གུས་སྲོལ་བསྲུངས་ཏེ། སྤྱི་ཚོགས་དེ་བས་སྒྲིག་ཁྲིམས་ལྡན་པ་ཞིག་ཏུ་འགྱུར་བ་བྱེད་དགོས།

ལེའུ་དྲུག་པ། མཉམ་དུ་འགྲོགས་སྐབས་གུས་སྲོལ་གཙུག་ཏུ་བཀུར་ན། གྲོགས་པོ་བློ་ཐུབ་བྱུང་བའི་ཚོགས་བཞིན་འཁོར་ངེས།

第一章

日常礼仪不可缺，不可不知的礼仪知识

礼仪在我国传统文化中占有重要地位，它代表着一个社会的文明程度。在现代社会中，想要生活和谐美好，就要了解并掌握礼仪文化。

礼仪的基本原则

在社会交往中，要遵守人际交往礼仪的基本原则，才能促进人际交往的和谐。

1. 宽容原则

俗话说“退一步海阔天空”，对任何人、任何事都不要斤斤计较。

2. 敬人原则

要时刻保持一颗敬人之心，不能随便看轻别人，不能伤害他人的自尊。

3. 自律原则

在社交中，最重要的就是自我约束，自我要求，这是礼仪的基础。

4. 遵守原则

在学习礼仪规范后，必须自觉遵守、自愿遵守礼仪。

5. 适度原则

遵守礼仪时要把握好分寸，认真得体。

6. 真诚原则

真诚是交往中必不可少的基本要求，要做到表里如一、言行一致。

7. 从俗原则

要入乡随俗，切忌自以为是、我行我素。

8. 平等原则

尊重交往对象，以礼相待，一视同仁。平等是礼仪交往的核心。

礼仪的本质

“仁者，人也，亲亲为大。义者，宜也，尊贤为大。亲亲之杀，尊贤之等，礼所生也。”孔子在这句话中点出礼的核心是尊敬。“礼者，敬人也。”这句话表达了“礼”的内涵是尊重与爱，如果能够做到尊敬他人，就掌握了礼仪的本质与灵魂。

学习日常礼仪的目的

在现代社会中，与人交往，可以实现信息资源共享，让我们了解更多的知识；在交往过程中，人们通常会投入时间带来精神及感情的收获；学习礼仪有助于我们更顺利地与他人建立良好的关系，礼仪是建立关系的纽带。因此，学习日常礼仪，不仅可以提升自己的魅力，对自己的人生发展也有促进作用。

礼仪形成阶段

1. 封建礼仪阶段

封建礼仪阶段主要时间段为公元前 475 年至 1911 年。在这一时期，礼仪的明显特征就是把人们的行为归为道德的范畴，主张“仁者爱人”“舍生而取义”，遵从“三纲五常”等，禁锢了人们的思想。礼教文化是这一时期“礼”的核心和主要内容。

2. 近代礼仪阶段

近代礼仪阶段时间段为 1911 年至 1948 年，辛亥革命的胜利标志着统治中国两千多年的封建专制制度的结束。孙中山于 1912 年 1 月 1 日在南京就任中华民国临时总统，新的礼仪也随之出现。这一时期的礼仪主要体现自由、平等的原则，普及教育，废除繁文缛节，改易陋习，破旧立新，拉开了近代礼仪的帷幕。

3. 当代礼仪阶段

当代礼仪阶段是从新中国成立开始至今。新中国确立了新型的社会关系和人际交往关系，标志着我国礼仪进入了一个全新的时代。当代礼仪摒弃了历史上沿袭下来的陋习和等级尊卑制度，确立了人与人之间平等的新型社会关系。尊老爱幼、先人后己、礼尚往来、修身养性等中国传统礼仪美德则得到了继承和发扬。

礼仪原则

1. 诚信原则

即对人要真诚，要守信义。真诚是指一个人对人和事的态度，要求实事求是，不能有任何的欺瞒，要求言行一致，是外在行为与内在思想的统一。信义指守信用。俗话说，“一言既出，驷马难追”，“言必信，行必果”。说出口的话就一定要做到。

2. 宽容原则

宽容就是宽宏大量，体谅别人，遇到问题要设身处地地为他人着想，不

斤斤计较。在人际交往中，我们会遇到形形色色的人，每个人的思想、素质、认知都不尽相同。因此，在与他人交往时保持一颗宽容之心，才能化解各种矛盾。

3. 平等原则

在社交活动中，我们要以礼待人，不卑不亢。对任何人都一视同仁，平等对待。不因对方的性别、年龄、相貌、职业、种族等差别对待。平等原则是社会礼仪交往中的核心，也是现代礼仪与传统礼仪的本质区别。

4. 互尊原则

在社交活动中只有双方互相尊重、互相谦让，才能和睦相处。不伤害他人的自尊，不侮辱他人的人格，才能长久地和谐相处。

5. 适度原则

与人交往中要注意把握分寸，适度得体。对人既要彬彬有礼，又不卑躬屈膝；既不过分热情，又不目中无人。

礼仪的主要功能和作用

一、礼仪的功能

1. 沟通功能

在交往过程中，人们的一言一行、仪态仪表都是一种潜在的信息。良好的礼仪修养可以提升一个人的形象，表达出与人友好交往的愿望，拉近人与人之间的距离，促进人与人的感情。如果每个人都能够做到遵守礼仪，人与人之间的沟通就会更加容易。

2. 约束功能

礼仪规范是对人的行为的制约，是社会约定俗成的行为模式。礼仪是通过外界的评价、舆论、示范等形式，要求人们遵守大家所认可和接受的礼仪规范。如果一个人不遵守礼仪，社会就会用道德和舆论来约束这个人。

3. 调节功能

在社会生活中，人们难免会发生摩擦、碰撞。此时良好的礼仪修养就会避免冲突的发生，缓和紧张气氛，调节人与人之间的矛盾。因此可以看出，礼仪在处理人际关系和促进人际关系健康发展中发挥着重要作用。

二、礼仪的作用

礼仪有助于塑造良好形象。人们都希望自己能够在他人面前保持自己的良好形象，以受到他人的信任和尊重。礼仪是塑造良好形象的重要手段。在交谈中，人们注意礼仪，就能变得文明；举止文明，就会看起来优雅；一个人讲究礼仪，就会充满魅力。

第二章

仪表谈吐好礼仪，打造个人好形象

在生活中，给别人留下美好的第一印象是非常重要的。中小学生塑造良好的个人形象，不仅要注意自己的仪容、仪表、仪态，还要不断提升自身修养与魅力，学习谈吐礼仪。

如何塑造良好的个人形象

1. 外在美

穿着要简单大方、干净整洁；头发要干净，不留长指甲；走路时要抬头挺胸，说话铿锵有力，做事勤快，学习努力上进。

2. 内在美

要有良好的个人素质。个人素质直接影响着一个人的形象，良好的个人素质，包括拥有正确的价值观、世界观，为人处世要善良，要有宽广的胸襟、坚强的意志。任何事情都要看得开，不要斤斤计较，要胸怀大志，这样才不会被生活中的风风雨雨所打倒。要有不怕吃苦、不怕挫折的坚强意志，积极、乐观地面对生活。要有自信心。一个人要想做成功一件事，心理暗示是非常重要的。有时候一个人的失败不是因为能力不足，而是他们自己信心不足。永远记住“我是最好的”，心态决定一切，而自信也是成功路上必不可少的一种心态。

塑造个人形象的重要性

1. 体现内在品质

得体的个人形象会给初次见面的人留下良好的第一印象。不同的场合要有相应的装扮，一个人的言谈举止直接体现出他的内在品质。

2. 重要的沟通工具

个人形象在人与人交往过程中起到非常重要的作用，决定他人对你的信任程度。服装是形象塑造的第一外表，往往会成为别人关注的焦点。当一个人的形象成为有效的沟通工具的时候，那么塑造个人形象就是一种投资，长期坚持会得到丰厚的回报甚至还会增值。

3. 个人形象不只代表自己

我们在社会上扮演着不同的身份，你的个人形象也会代表着集体。作为孩子，你的个人形象代表家庭；作为学生，你的个人形象代表学校或你所在的班级。因此，中小学生要意识到自己的个人形象与修养的重要性。

学生衣着的原则

1. 穿着整洁

衣服不需要有多艳丽和华贵，只要整洁、平整，穿起来端庄大方就可以。穿衣整洁不仅是为了自己，更是尊重他人的一种表现。

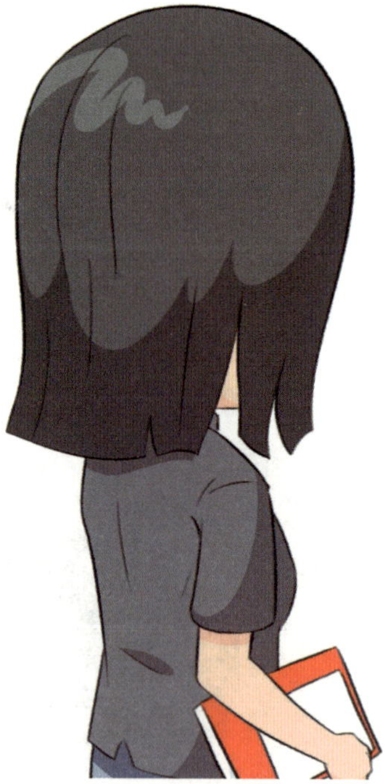

2. 着装要与身份、年龄相符

在社交场合，如果穿着不当，可能会引来别人的误会。比如，一个同学穿着超短裙去上课，这样就不得体。

3. 着装要与场合协调

不管穿着多么华丽，如果不考虑场合，

就会显得很没有礼貌。比如参加活动，大家都盛装出席，你却穿着便服，就很不礼貌。在正式场合或者重要的仪式上，要考虑当地的文化习俗，懂得入乡随俗。去教堂或者寺庙这种严肃的场合，不能穿太过暴露的服装。

4. 遵守不同时段着装的规则

时间不同，可能需要的穿着打扮也不同。比如学生在学校要穿校服，放学回家或者周末的时候就可以穿其他样式的衣服；上班族上班时要穿得职业、偏正式一些，下班后就可以穿着随意、轻松一些。

仪态要注意什么

1. 坐、立、行

仪态是指人在交往中的行为姿势，主要包括坐姿、站姿、走姿等。民间一直流传着这样一句话：“站如松，坐如钟，行如风，卧如弓。”中小学生也要坐有坐相，站立要笔直，不倚不靠，行走时步伐要矫健。优美的站立姿势给人以挺拔、精神抖擞的感觉，要注意身体站直、抬头挺胸，忌讳无精打采、耷拉脖子、弯腰驼背；正式场合不要叉腰或者双臂环抱在胸前；坐姿要求端正而不死板，在正式场合不要跷二郎腿更不能“葛优躺”，两腿间距应与肩同宽，双手自然放在膝盖或扶手上。走路时要抬头挺胸，双臂自然摆动，步速适中，忌讳走路摇摇晃晃；要表现得对人尊重，不要有轻蔑的神情，要面带微笑。以完美的姿态展现自己良好的精神面貌。

2. 面部表情

与人交往时，要目光清正，举止端庄，面带笑容。试想，如果你总是皱着眉头和别人说话，或者在对话的过程中心不在焉地看着其他的地方，那么即使你怀着一颗至诚之心，别人也感受不到。

3. 谈吐举止

谈吐要得体、举止要优雅。说话声音的大小应该根据与听者的距离、场所而定；手势要自然优雅、符合礼仪，遵从入乡随俗的原则，另外还要根据与听者的关系远近表现出相应的仪态礼仪。

致意礼仪的几种表达方式

1. 举手致意

举手致意一般不必出声，只需将右臂举起，轻轻一挥即可，不用一直在空中来回摇摆。

2. 点头致意

点头致意一般是头略向下，幅度不用太大。

3. 欠身致意

欠身致意也称鞠躬致意，即全身或身体上部向前一躬，表示对他人的尊敬。

4. 脱帽致意

与别人见面时，如果戴的帽子是有帽檐的，需要脱帽致意。微微欠身，将帽子放在与肩平行的位置，与对方交换目光。

5. 微笑致意

见面时相视一笑，可以用于同不相识者初次见面的场景，也可以用于老朋友在同一场所反复见面时。

致意时要注意自己的举止，不要大声叫喊，妨碍到他人；致意时动作也要认真，不能马马虎虎，不然反而给人一种不尊重别人的感觉。

使用手势的注意事项

1. 区域性差异

不同国家、民族、地区的文化不同，手势代表的含义也不同，有时表达的内容相差甚远。因此，只有在了解当地文化后再运用手势礼，才能避免产生误会。

2. 手势宜少不宜多

在交往中，多余的手势会给人一种装腔作势、没有修养的感觉。

3. 避免出现的手势

在与人交谈时，有些手势是不应该出现的，比如掏耳朵、抠鼻子、搔头皮等。

4. 手部动作不要太夸张

夸张的手势会给人一种张牙舞爪的感觉，让人觉得此人没有涵养。

5. 手势在不同国家的寓意

在中国，竖起大拇指表示棒、称赞；在希腊，向上竖起大拇指表示足够，向下表示坏蛋；在美国向上竖起大拇指表示好，向左、向右表示打车方向，向下竖大拇指并敲桌子表示不满。

常见的礼貌用语

1. 欢迎语

一般去商店或去购物时，工作人员都会说“欢迎光临”“谢谢光临”，或者与认识的人再次见面时会说“再次见到您，真是万分高兴”。

2. 询问语

“请问您贵姓”“请问您几位”“请问方便吗”“请问高铁站怎么走”等。

3. 请字语

多用“请”字开头，比如“请坐”“请上车”“请您慢走”等。

4. 问候语

“早上好”“中午好”“下午好”“晚上好”“打扰您了”等。

5. 祝贺语

“祝你天天开心”“祝你考试通过”等。

6. 告别语

“注意安全”“祝你一路顺风”“下次再见”等。

使用称呼礼仪的注意事项

1. 对不同性别的人要用不同的称呼

如对女性可以称呼“小姐”“女士”“夫人”等，对男性可以称呼“先生”“同志”“师傅”等。对不同亲密程度的人要用不同的称呼。如果是关系很亲密的人可以称呼小名、绰号等，关系一般的人不适合这样称呼。

2. 一般对对方的称呼会随着所处的环境不同而有所不同

例如一家公司老板的儿子在自家公司上班，在公司见面的时候儿子不能见面就称“爸爸”，而应该以职务名称相称。

3. 称呼对方要照顾对方习惯

生活中有的人为了体现对比自己大的女性的尊敬，会称呼对方为姐姐或者阿姨，但有些女性不喜欢被这样称呼。

4. 面对面交谈中的称呼礼节

有些人想当然地认为只要对方知道自己是在对他讲话就行了，没必要称呼他。其实，懂礼貌的人会为了表示敬重而称呼对方。

5. 对说话对象的家人有称呼礼仪

比如对老师的妻子称为“师母”，对同学的妈妈称呼“阿姨”，对同学的哥哥或其他平辈称呼“哥哥”“姐姐”“弟弟”“妹妹”等。

6. 对说话对象所属的事物有称呼礼仪

比如问对方的姓名可以用“贵姓”或“尊姓大名”，问老人的年龄可以用“高寿”。

第三章

校园生活遵礼仪，营造温馨有序好环境

当太阳升起时，你是否踏着欢快的脚步进入校园？当走在干净整洁的校园，你是否会想到它需要我们每个同学的爱护？当听到同学们的欢声笑语时，你是否感受到了校园的美好与纯净？让我们一起来学习校园生活礼仪，共同营造和谐、美好的校园。

需要遵守的校园礼仪

1. 保持校园的干净整洁

校园是我家，人人爱护它，保持校园卫生是中小学生的责任。我们应该做到不随地吐痰、不随便扔垃圾、不乱扔纸屑，打扫卫生时认真打扫；爱护花草树木，不践踏草坪；不随便停放自行车，要自觉把自行车放到指定停车点，并摆放整齐。

2. 注意仪容仪表

讲究个人卫生是仪容美的基本前提，是礼仪最基本的要求。就算服饰再华丽，如果满脸污垢、身上有异味，给人的感觉依然是邋遢、不讲卫生。因此，每个人都应该养成勤洗手、勤洗脸、勤洗澡、勤洗脚、勤剪指甲、勤换衣服的好习惯。在穿着上，学生应该做到穿着朴素、简单大方，不化妆，不戴首饰，不染发，不烫发。

3. 要尊重别人，与人相处和善

在与人交往的过程中，每个人都是独立的个体，都希望得到对方的尊重与理解。尊重就像是润滑剂，可以减少彼此之间的摩擦。当出现矛盾的时候，首先要冷静，反思自己的行为，然后互相理解，宽容待人，要有一颗包容的心；在学校还要培养集体协作精神，这样才能使同学之间更团结友爱，增加同学之间的友谊；要学会主动帮助需要我们帮助的弱势群体，而不是恃强凌弱、仗势欺人。你拥有的美好纯洁的品质，会在你的行为举止间显露。因此，要用一颗真诚善良的心去对待周围的一切，自尊、自爱，懂得尊重、理解别人。

需要遵守的班级礼仪要求

1. 日常活动

自觉保持教室卫生干净整洁，不在教室追逐打闹。不在黑板、墙壁乱涂、乱画、乱写，不在课桌上乱刻。

2. 课前

做好上课准备，值日生要及时擦黑板，注意讲桌的干净整洁。

3. 上课

上课铃一响起，应保持安静，端坐在教室，恭候老师上课。待老师进入教室时，听班长或副班长的口令向老师致敬，老师答礼之后方才安静坐下。学生应该准时进教室上课，如果有其他特殊情况，应先向老师说明情况。

4. 听讲

在上课过程中，我们应该集中精神，认真听老师讲课，独立思考，认真做笔记，遇到没听明白的问题，应先做好标记，课下再向老师请教或者请教其他同学。如果老师提问题，应该先举手，等老师点到自己名字的时候，再站起来回答。回答问题时，要立正，态度认真，落落大方，说话清晰、响亮，别人发言时要认真听讲，不说悄悄话，不打断别人的发言，如有需要补充的，应举手示意，老师同意之后再站起来回答。

5. 下课

听到下课铃声响起时，老师还没宣布下课，学生们不要急着收拾课本或者弄出很响的声音，这是对老师的尊重。学生应当安静听课，等到老师说下课的时候，全体学生仍需要起立，道“老师，辛苦了”“再见”，之后待老师离开教室后，学生才能离开。

如何防止课间安全问题的发生

1. 不要拥挤

在教室门口、楼梯口、楼道这些容易聚集大量学生的地方，要遵守礼仪，不要催，不要推搡，遵守秩序。

2. 不能追逐打闹

不管是在教室里、教学楼里，还是在校园里，都不能追逐打闹，尤其手里拿扫帚、拖把等物品的时候，以免伤到自己或撞到其他同学。

3. 参加安全的活动

可以参加学校举办的一些课外活动，比如打羽毛球、乒乓球、跳绳、下棋等。

学生应怎样与老师相处

1. 尊敬老师，尊重老师的劳动

老师在教学过程中，将知识毫无保留、不求回报地传授给学生，如果说想要得到什么样的回报的话，也是希望学生们成才，能够在知识的高峰上越攀越高。学生要尊敬老师，见到老师要主动问好，上课认真听讲，认真做笔记，遵守课堂纪律，老师布置的作业都要按时完成。尊敬老师，尊重老师的劳动，是每个学生最基本的礼仪。

2. 勤学好问，虚心求教

不管是从学历、经历、阅历还是年龄上来讲，老师肯定是高于学生的。学生要向老师虚心请教。勤学好问不仅可以使你在学习上获得好处，还能增进你与老师的沟通交流，拉近学生与老师之间的距离。

3. 对于老师出现的失误，学生应持正确的态度，委婉地提出意见

心理学家曾表明，人们会对没有缺点的人敬而远之。事实上，世界上不存在完美的人。所以当老师在授课过程中出现观点不正确或者误导学生的情况时，学生不应该当面指出老师的不对，而是找个合适的时机去跟老师探讨一下老师讲的观点是否正确。因为，老师是长者，是我们应该尊敬和爱戴的对象，我们也应该照顾老师的面子。

4. 知错就改，善莫大焉

有的同学知道自己做错了事，被老师批评，却死活不承认，心里暗自与老师较劲；有的同学受过老师批评之后就害怕老师，感觉老师一直记着自己的错误，对自己有成见。这些担心都是不必要的。只要知错就改，勇于向老师承认错误，在老师心里大家都是好学生，都是一样的。与老师融洽相处，不仅使我们在学习上得到提升，老师还会教会我们更多做人的道理，使我们一生受益匪浅。

5. 关心、爱护老师

老师是蜡烛，燃烧了自己，照亮了别人。每个学生都应积极配合和帮助

老师处理事务，给予老师更多的关心和照顾，比如照顾老师坐着上课、帮老师拿教材等力所能及的事。

如何正确处理同学之间的矛盾

1. 要学会忍让

在与同学相处的过程中，产生矛盾是在所难免的。面对矛盾的时候，我们不能冲动，要先冷静，换位思考，用宽容的态度去理解对方。

2. 寻求老师的帮助

当我们遇到不能解决的矛盾时，要主动去找老师帮助，在老师的调节下解决问题，这样矛盾解决的同时也能增进与老师之间的感情。

3. 寻求家长的帮助

在产生矛盾的时候，如果自己不能用正确的方式处理好，可能使矛盾进一步恶化。因此，对于难以解决的问题，我们可以将自己的想法告诉家长，让家长出面帮忙处理。

第四章

家庭生活讲礼仪，让家变得有礼有爱

家，是幸福的代名词，是当你疲惫时抚慰心灵的良药；是当你遇到困难时，能够暂时休息的避风港；是当你勇往直前时保护你的盾牌。家，给予我们心灵的慰藉，是我们最有力的后盾。在家里虽然可以无拘无束，但是需要遵守一些基本的礼仪。

家庭基本礼仪

1. 主动问好

如果家中有行动不便的长辈，我们应该定时去长辈房间问好，陪他们聊聊天、解解闷，但是说话声音不要太大，也可以帮他们做一些力所能及的事。

2. 出门时要告知家人，以免他们担心

回来时要说“我回来了”。作为孩子，我们要主动向长辈告别。

3. 要有礼貌

在进别人房间之前，要轻轻敲门，听到“请进”的时候再进，不能太唐突，更不能没有礼貌。

4. 关心父母、同辈

与父母长辈相处时，要和颜悦色，有耐心；作为家庭的一分子，我们要主动做一些力所能及的事情。与同辈相处时，要互相礼让，互相尊重，彼此关心、照顾。

如何尊敬老人

1. 说敬语

中小学生见到老年人应该称呼其爷爷、奶奶，并主动打招呼，如“李爷爷早啊”“张奶奶身体还好吗”。现在有很多年轻人不尊敬老人，有时直接叫老头儿或老太婆，这是对老人没有礼貌的表现。

2. 要从内心尊敬老人

例如：在公共汽车、地铁上主动为老人让座，上车或下车时让老人先行，过马路时主动搀扶老人，主动帮助老人提东西，等等。

3. 虚心向老人学习

老年人比我们经历的事情、得到的经验要多，做事的方法要更妥帖，他们丰富的人生阅历、生活的哲理值得我们去了解和学习。

如何尊重父母

父母把我们带到了这个世界，我们才有机会看到这个世界的精彩，了解一些新鲜事物，知道这个世界的美好。尊敬父母是中小学生做人最基本的道德。父母不仅给了我们生命，还用最真挚、无私的爱呵护我们长大。这样的恩情就像明灯，点亮我们前行的路，让我们不再孤单、害怕。

尊重父母要从几个细节做起：对父母有礼貌；进门、出门要打声招呼，不要让父母担心；得到父母帮助的时候，要说谢谢；做错了事，要主动承认，并表示抱歉；当与父母发生争执时，等冷静下来要先向父母道歉；如果父母有自己的工作，要体谅父母的辛苦，自己要学会生活上独立，不让父母操心；当父母批评教育自己时，要注意与父母说话时的态度，不要不耐烦。

拜访亲友的基本礼仪

1. 事先预约

如果不是主人邀请的话，要提前联系被访者，询问准备拜访的时间是否合适。

2. 拜访前约好具体时间

在拜访得到受访者同意的情况下，要询问具体时间，尽量避开主人吃饭和休息时间。

3. 透露一些拜访的内容，让受访者有心理准备

有可能是礼节性的拜访，也有可能是有事相求。有许多拜访者在事先没有向受访者说明来由，突然说有事拜托，这样会让受访者手足无措。这种情

况下也不好直接拒绝，只能含糊答应，最后事情可能没有后续，受访者对我们的印象也会因此有所改变。

4. 准时或提前几分钟到达

我们作为拜访者，要按约定的时间来到，不能提前太久，这样会让受访者因为还没有准备好而感到尴尬，更不能迟到，让主人等我们，这样显得很没有礼貌。

5. 不要随意走动，乱翻东西

进入受访者的家中后，首先要询问是否要换鞋。进入房间后，没有主人的带领不要随意走动，也不要翻看别人的东西，以免给受访者带来困扰。

6. 对受访者家里人给予问候

当我们登门拜访时，切不可只与受访者交谈，也要向家里人问好，以示礼貌。如果碰到有其他的拜访者，我们应该先告辞，再约下次拜访时间。

礼尚往来遵循的原则

1. 相互性原则

心理学家关于人际关系的研究表明，人与人之间能够建立良好的人际关系的基础是彼此尊重，相互支持。任何人都愿意与有礼貌、喜欢自己的人相处。

2. 平等原则

我们生活在这个社会大群体中，有时会遇到“势利眼”、不尊重他人的人，很少有人愿意和这样的人交往。这是因为平等待人会让别人感到安全和被尊重，反之则不然。所以，平等待人对建立良好的人际关系有很大的帮助。

3. 交换性原则

人与人之间的交流，其实就是相互交换的过程，用来满足自己的需求，如：被认可，被重视，被理解，爱与被爱等。这些也都是礼尚往来需要遵循的原则。

餐桌上的礼仪

1. 不要抢在长辈的前面用餐

如果用餐时有长辈在场，应该等长辈先动碗筷用餐，或者是长辈说“大家一起吃吧”后再动碗筷。

2. 把碗端起来吃饭

大拇指扣住碗口，食指、中指、无名指扣碗底，手心空着。不端碗而直接伏在桌子上吃，不仅吃相不好看，对胃也不好。

3. 夹菜要有分寸

应夹靠近自己一边的菜，不要从盘子中间夹起或者在盘子里翻来挑去。一次夹菜不宜夹太多，如果遇到自己特别喜欢的菜，也不要狼吞虎咽，更不能将那盘菜占为己有，要顾及同桌吃饭人的感受。

4. 用餐时动作要文雅一些

不要碰到邻座，不要站起来夹菜，夹菜时尽量不要把盘子里的菜拨到桌子上，不要把菜汤滴到桌子上。嘴角黏到东西时不要用舌头去舔，要用餐巾纸擦掉，在咀嚼食物时不要发出声音，等嘴里没有东西时再与别人交谈。

5. 自己动手添饭

尽量自己添饭，并主动给长辈添饭、夹菜。如果长辈给自己添饭、夹菜，应该表示感谢。

6. 注意力集中

不要边吃饭边看电视或者玩手机或做其他的事情，这是不好的习惯，还会影响视力。

7. 吃饭时要闭嘴咀嚼，细嚼慢咽

这不仅是餐桌礼仪，还有助于消化。不要将嘴张得很大，狼吞虎咽。

探望病人的基本礼仪

1. 遵守院规

医院对探望病人都有时间规定，我们去探望病人时要先了解医院的时间规定，以免影响到医院的正常工作，打扰病人休息。

2. 举止得当

人在生病的时候，情绪一般都会比较低落，心理也比较敏感。因此，在进入病房时我们要注意自己的行为举止，不要让病人感到压力。我们说话语气要和平时一样，尽快找把椅子挨着床边坐下，这样会让病人觉得很亲切，其心理也得到安慰。

3. 聊天要有分寸

在与病人聊天期间，一定不要说出让病人有所猜忌的话。要有分寸地鼓励病人，不要说让病人伤心或伤病人自尊的话。

4. 准备看望礼物

探望病人的时候要买些礼物，表示自己的心意。比如水果、鲜花、书籍等。

第五章

公共场所守礼仪，让社会变得更有序

作为社会的一分子，维护社会秩序，遵守公共礼仪是我们每个人的义务。在社会交往中，遵守公共场所的礼仪，有助于建立良好和谐的社会关系，使人们生活的社会秩序更加良好。

行路的基本礼仪

1. 礼让为先

当过马路时，我们都要遵守秩序，依次通过。一般的礼仪要求是：青少年给老年人让路，健康人给残疾人让路，男士给女士让路。

2. 主动问好

遇到熟人要主动打招呼，不要假装没看到匆匆闪过。如果遇到熟人需要交谈时，应该自觉站在路边，不要妨碍其他人行走。

3. 注意卫生

行走时不要随便扔垃圾，不要随地吐痰、擤鼻涕。也不要养成边走路边吃东西的坏习惯，那样不仅不雅观，也不卫生。

4. 礼貌问路

当自己问路时要使用礼貌用语，比如用“打扰了”“请问”等词语开头，还有要用恰当的词称呼对方，对方回答你之后，不管你是否满意，都应该诚恳地说声“谢谢”。

5. 不要围观

街头围观是一种不文明的行为。遇到交通事故、有人打架争吵时都不要前去围观。遇到外宾，不要一直盯着人家看，这是不礼貌的行为。

骑自行车需要知道的常识

未满12周岁不能在公共道路上骑自行车；没有刹车或者刹车失灵、没有安全保障的车不能上路；不要在非机动车道以外的车道骑车；不要在车行道上学车。

混行车道上要靠右行。如果遇到不平坦的道路或者大陡坡时，应该下车推着走；遇到恶劣天气时，要减速慢行。

骑车时手中不要拿东西，两手不能离开车把；不要两人骑一辆车；骑车时不要蛇形行驶；不要并排行驶；不要相互竞技。

两辆车行驶时，不要勾肩搭背，不要边说话边前进，不要相互追逐。

转弯时，要减速慢行，先向后看有没有车，伸手示意，不要突然转弯；超越前方自行车时，不要离前方自行车太近，速度也不宜太快，不要妨碍其他车辆正常行驶。

观看演出期间需遵守的规则

1. 把手机关机或者静音

如果正在观看演出时，手机铃声响起，不仅会对其他观众造成不良影响，还有可能影响表演者的演出。如果正在表演的是具有危险性动作的项目，严重的还会导致危险的后果。在观看节目时，也不要交头接耳，保持安静是最基本的礼仪。

2. 不随意走动

在找好自己的座位并坐下之后，不要再来回走动，因为一般观众席的座位排与排之间的间隙是很小的，如果来回走动的话，其他人还要站起来让行，不仅自己不能好好地看完演出，也会让其他观众分心，给别人添麻烦。如果真的有事，尽量在演出前办好或者演出结束之后再处理。

3. 不要拍照和录像

有些观众想用照片或者录像来记录这美好的时刻，在演出期间就会不停地拍照或者录像，这一举动不仅会打扰其他观众，而且也是非常不绅士的做法。有些团队不允许拍照或录像，这样做也是侵犯他人权益的做法，如果演出团队追究的话，你还会受到法律的惩罚。

4. 保持好的坐姿

在观看演出时，应该坐得端端正正，不要在位子上东倒西歪，或者把脚放在前排的椅背上，也不要坐在扶手上或者蹲在椅子上。在演出还没有宣布结束前，不要站起来，否则会影响后面观众观看表演。

5. 适时鼓掌

在观看表演时，在恰当的时机鼓掌，不仅是对表演者的尊重，更是对他们的鼓励和肯定。不管表演如何，都不要表现出冷淡。尤其要注意的是，如果表演者出现失误，一定不要喝倒彩、鼓倒掌，这是做观众最基本的规矩，也是对表演者的尊重。

第六章

与人交往重礼仪，为自己赢得真心朋友

人际交往即人际沟通，是指人们通过语言、肢体、动作、表情、文字等交流手段将信息传给他人的过程。交往礼仪是人际交往过程中的缓冲剂，能够缓解人与人之间的矛盾，有利于建立和谐的交往关系。

学习社交礼仪的重要性

1. 有助于建立良好的人际关系

建立良好的人际关系有助于形成和谐的心理氛围，同时对人们的心理健康也有很大的影响。

2. 有助于教会大家怎样正确地与人相处

如何做一个文明人。帮助我们塑造一个良好的形象，在社会上更好地发展。

3. 有助于形成良好的社会文明风气

使人与人、人与社会之间都能达成高度的和谐，促进社会主义精神文明建设。

言谈礼仪的基本要求

1. 措辞谦逊文雅

主要体现在与人交谈时多用敬语、敬辞和礼貌用语。

2. 谈话要掌握分寸

在交谈中，应该知道哪些话该说，哪些话不该说，一些话应该怎么说才能更好地达到谈话目的，这些都是言谈礼仪中应该注意的问题。有些话虽然是出自好意，但因为措辞不当，却可能引起坏的结果。所以要对说出口的话加以控制及修饰，把握好说话的分寸。

3. 交谈注意忌讳

在交谈过程中，一般不会谈及涉及隐私的问题，比如年龄、婚姻、住址、

收入、信仰、经历等，不要一直询问别人的秘密。一般不谈及不吉利、灾祸等不愉快的事情；还要注意与别人的亲疏关系，“交浅”不可“言深”，这是一种谈话艺术。

4. 交谈要注意姿态

在交谈过程中除了语言之外，姿态也很重要。在交谈时，应该互相正视、互相倾听，不要东倒西歪、左顾右盼。不要一直盯着对方的某一位置，会让对方感觉不自在。不要做一些小动作，比如抠指甲、玩衣服等。这些都是不礼貌的行为。

社会交往中的禁忌

1. 忌举止粗鲁

在交往过程中，有的人认为简单粗暴、不用在意细节才是劳动人民的本色，而优雅的举止、谈吐则是资产阶级的产物。这种错误的认知对现代社交是不利的。

2. 忌乱发脾气

喜怒哀乐是人之常情，当心情不佳时，随便对身边的人发脾气是很不文明的，应该学会控制自己的脾气，自己“消化”。如果随便乱发脾气只会让别人对自己“敬而远之”。

3. 忌传播流言

在交往过程中，彼此说几句心里话是不为过的，绝对不能逢人说长道短、搬弄是非，对别人的不幸切忌幸灾乐祸、添油加醋。

4. 总说话过头

与人交往中，讲话要实事求是，不要夸大其词，在公共场合不要随便与人打趣逗乐，开过分的玩笑。

影响社会交往的因素

1. 交往语言能力

交往效果的好坏，其中一部分取决于双方之间是否产生共鸣、依赖、相互理解的程度。在交往过程中，使用恰当、准确、通俗易懂、富有表现力的语言，往往更容易取得理解，使双方的交往更加顺利，增进感情。

2. 道德修养

拥有较高的道德修养往往在说话、交往过程中更容易与别人友好相处。在待人接物方面处理更得当，也会拥有强烈的集体责任感和义务感。而没有良好道德修养的人，总是处处先考虑自己，对于其他的人和事不关心，不易融入集体。

3. 性格因素

每个人生来就是与众不同的。生长环境、父母教育、教育背景等都是不相同的，都会影响性格的形成。因此，我们多与人接触，慢慢就会养成与他人交往的良好习惯，也会更容易与别人相处，这样可以防止与陌生人接触显得不自在。

ལེའུ་དང་པོ།

རྒྱུན་སྐྱོད་གྲུས་སྲོལ་མཐོ་ཆེ་བས། དེ་འབྲེལ་
ཤེས་བྱ་བློར་ངེས་དགོས།

ཀུས་སློལ་གྱིས་རང་རྒྱལ་གྱི་སློལ་རྒྱུན་རིག་གནས་ཁྲོད་གནས་བབ་གལ་ཆེན་ཞིག་བཟུང་ཡོད་པ་དང་། དེས་སྤྱི་ཚོགས་ཀྱི་དཔལ་ཡོན་ཆ་ཚད་མཚོན་གྱི་ཡོད་པས། དེང་རབས་ཀྱི་སྤྱི་ཚོགས་ནང་འཚོ་བ་ཞི་མཐུན་དང་མཛེས་སྡུག་ལྡན་པ་ཞིག་ཡོང་བར་འདོད་ན་ཀུས་སློལ་གྱི་རིག་གནས་ཤེས་རྟོགས་དང་ཁོང་དུ་ཆུད་པ་བྱེད་དགོས།

ཀུས་སློལ་གྱི་གཞི་རྩའི་རྩ་དོན། ✧

སྤྱི་ཚོགས་ཀྱི་འབྲེལ་འདྲིས་ཁྲོད། མིའི་དབར་གྱི་འབྲེལ་འདྲིས་ཀུས་སློལ་གྱི་གཞི་རྩའི་རྩ་དོན་དག་བསྡེ་སྤྱང་ཞུས་ན། ད་གཟོད་མི་དང་མིའི་དབར་འཆམ་མཐུན་ཡོང་བར་སྐྱུལ་འདེད་གཏོང་ཐུབ།

༡ ཁོག་ཡངས་ཀྱི་རྩ་དོན།

ཁ་དཔེར། སྙིས་ཕོ་རབ་གཅིག་གི་ཁོག་པ་ལ། །རྐོད་ཐང་དཀར་ལྡིང་སྐོར་རྒྱུག་ས་ཡོད།། ཅེས་པའི་དཔེ་ལྟར། མི་སུ་འདྲ་ཞིག་དང་བྱ་བ་གང་འདྲ་ཞིག་ཡིན་ཙང་རྩོད་པ་ཤུང་ན་དགའ་

པ་བྱེད་དགོས།

༢ གུས་བཀུར་གྱི་རྩ་དོན།

དུས་དང་རྣམ་པ་ཀུན་ཏུ་གཞན་ལ་གུས་བཀུར་གྱི་སེམས་ཤིག་ཡོད་དགོས་པ་ལས་སྣང་མེད་དང་མི་གཞན་ལ་མཐོང་ཆུང་དང་། མི་གཞན་གྱི་རང་བཀུར་གྱི་བསམ་པར་གནོད་འཚེ་གཏོང་མི་རུང་།

༣ རང་གཅུན་གྱི་རྩ་དོན།

སྤྱི་ཚོགས་ཀྱི་འབྲེལ་འདྲིས་ཁྲོད་དུ། གལ་ཆེ་ཤོས་ནི་རང་གིས་རང་གཅུན་རྒྱུ་དང་། རང་གིས་རང་ལ་རེ་བ་འདོན་རྒྱུ་དེ་རེད། དེ་ནི་ལུས་སྦྱོལ་གྱི་སྙིང་གཞིའོ། །

༤ བརྩི་སྲུང་གི་རྩ་དོན།

ཚད་ལྡན་ལུས་སྦྱོལ་ལ་སློབ་སྦྱོང་བྱས་རྗེས། ངེས་པར་དུ་རང་འགྲུལ་དང་རང་མོས་དང་ལུས་སྦྱོལ་ལ་སྲུང་བརྩི་ཞུ་དགོས།

༥ ཚད་རན་གྱི་རྩ་དོན།

ལུས་སྦྱོལ་ལ་བརྩི་སྲུང་ཞུ་སྐབས་དེའི་ཚད་ཁོང་དུ་ཆུད་པ་བྱ་དགོས།

༦ ཟོལ་མེད་གྱི་རྩ་དོན།

ཟོལ་མེད་ནི་འབྲེལ་འདྲིས་ཀྱི་ཁྲོད་མེད་དུ་མི་རུང་བའི་གཞི་རྩའི་བླང་བྱ་ཞིག་ཡིན་པས། ཁ་ཞེ་གཉིས་མེད་བྱེད་ཐུབ་པ་དགོས།

༧ གོམས་འདྲིས་ཀྱི་རྩ་དོན།

ཡུལ་དུས་ལ་བསྟུན་དགོས་པ་ལས། རང་འདོད་རང་འཐད་དང་རང་སྣང་གང་ཤར་བྱེད་མི་རུང་།

༤ འདྲ་མཉམ་གྱི་རྩ་དོན།

འབྲེལ་འདྲིས་བྱ་ཡུལ་ལ་བརྩི་འཇོག་དང་གུས་ཞབས་བྱ་དགོས་པ་ལས། ཕྱོགས་རིས་ཡོད་མི་རུང་། འདྲ་མཉམ་ནི་འབྲེལ་འདྲིས་ཀྱི་སྲོག་ཤིང་ཡིན།

གུས་སྲོལ་གྱི་ངོ་བོ། ✧

"བྱམས་དང་བརྩེ་བ་རྒྱུད་དུ་ཡོད་དགོས་ཏེ། གཉེན་ཉེ་བྱམས་ཀྱིས་བསྐྱངས་ན་བྱམས་པའི་མཆོག །ཀུན་དང་བསྟུན་མཁས་བྱ་བ་འགངས་ཆེ་སྟེ། མཁས་པ་གཙོགས་སུ་འཛིན་པ་གང་དེའི་མཆོག །བྱམས་དང་སྙིང་རྗེ་མངའ་ན་མི་རུ་བོས། ཕ་མར་བསྙེན་བཀུར་བྱ་རྒྱུ་དོན་ཆེན་ཡིན། སྤྱོད་པ་དྲང་ན་ཀུན་དང་མཐུན་ཐུར་ཅིང་། མཁས་པ་དག་ནི་སྤྱི་བོའི་གཙུག་ཏུ་བཀུར། གང་དེའི་གོ་སའི་རིམ་པ་ཅི་མཆིས་པ། ཡོད་རྒྱུ་གུས་སྲོལ་དག་ལས་བྱུང་བ་ཡིན"ཞེས་ཁུང་ཙིའི་གསུང་འདིའི་ཁྲོད་དུ་གུས་སྲོལ་གྱི་རྩ་བ་ནི་གུས་བཀུར་ཡིན་པར་བསྟན་ཡོད། གུས་སྲོལ་དག་ནི་མི་ལ་བཀུར་ཆེད་ཡིན། ཞེས་པའི་སྐད་ཆ་དེའི་ཐོག་ནས་གུས་སྲོལ་གྱི་གཞི་ནི་གུས་བཀུར་དང་བྱམས་བརྩེ་ཡིན་པས། གལ་སྲིད་མི་གཞན་ལ་གུས་བཀུར་བྱེད་ཐུབ་ཚེ་གུས་སྲོལ་གྱི་ངོ་བོ་དང་བླ་སྲོག་རྟོགས་ཐུབ།

རྒྱུན་སྤྱོད་གུས་སྲོལ་སྦྱོང་དགོས་པའི་དམིགས་ཡུལ། ✧

དེང་རབས་ཀྱི་སྤྱི་ཚོགས་ཁྲོད་མི་དང་འབྲེལ་འདྲིས་བྱས་ན་ཆ་འཕྲིན་གྱི་ཐོན་ཁུངས་མཉམ་སྤྱོད་བྱེད་ཐུབ་ཅིང་། ང་ཚོས་རྟར་ལས་མང་བའི་ཤེས་བྱར་རྒྱུས་མངའ་ལོན་ཐུབ། འབྲེལ་འདྲིས་ཀྱི་བརྒྱུད་རིམ་ཁྲོད་དུ། མི་རྣམས་ཀྱིས་རྒྱུན་དུ་དུས་ཁོམ་བདེ་སྐྱིད་ནས་སེམས་ཁམས་དང་བརྩེ་དུང་གི་འབྲས་བུ་ཁྱེར་ཡོང་གི་ཡོད། གུས་སྲོལ་སློབ་སྦྱོང་བྱས་ན་ང་ཚོས་རྟར་ལས་ལྷག་པའི་སྒོ་ནས་མི་གཞན་དང་འབྲེལ་བ་བཟང་པོ་འཛུགས་པར་ཕན་ཐོགས་ཡོད། གུས་སྲོལ་ནི་འབྲེལ་བ་འཛུགས་བྱེད་ཀྱི་ཟམ་པ་ལྟ་བུ་ཡིན་པས། རྒྱུན་སྤྱོད་ཀྱི་གུས་སྲོལ་སློབ་སྦྱོང་བྱས་

ན་རང་ཉིད་ཀྱི་ཡིད་དབང་འཕྲོག་ཤུགས་ཆེ་དྲ་གཏོང་ཐུབ་པ་མ་ཟད། མི་ཚོའི་འཕེལ་རྒྱས་ལའང་སྐུལ་འདེད་ཀྱི་ནུས་པ་ཐོན་ཐུབ།

གུས་སྲོལ་གྲུབ་པའི་དུས་རིམ།

༡ བཀས་བཀོད་རྒྱུད་འཛིན་གྱི་གུས་སྲོལ་དུས་རིམ།

བཀས་བཀོད་རྒྱུད་འཛིན་སྐབས་ཐོན་པའི་གུས་སྲོལ་གྱི་དུས་རིམ་གཙོ་བོ་ནི་ཕྱི་ལོའི་སྔོན་གྱི་༤༧༥ལོ་ནས་༡༩༡༡ལོའི་བར་ཡིན། དུས་སྐབས་འདིར་གུས་སྲོལ་གྱི་ཁྱད་ཆོས་མངོན་གསལ་དོད་ཤོས་ནི་མི་རྣམས་ཀྱི་བྱ་སྤྱོད་དེ་ཀུན་སྤྱོད་ཀྱི་ཁོངས་སུ་བཅུག་ནས་བྱམས་སྙིང་ཟེར་བ་ནི་མི་ལ་དགའ་ཞེན་བྱེད་པ་དེ་ཡིན་པ། དྲང་བདེན་གྱི་ཆེད་དུ་རང་སྲོག་གཏོང་བ། རྟེན་གཞི་གསུམ་དང་འཛིན་ལུགས་ལྔ་སོགས་ཀྱི་འདོད་ཚུལ་བཟུང་ནས་མི་རྣམས་ཀྱི་བསམ་བློར་ཚོད་འཛིན་བྱས་ཡོད། གུས་ལུགས་དང་ཆོས་ལུགས་ཀྱི་རིག་གནས་ནི་སྐབས་དེའི་གུས་སྲོལ་གྱི་སྙིང་པོ་དང་ནང་དོན་གཙོ་བོ་དེ་ཡིན།

༢ ཉེ་རབས་ཀྱི་གུས་སྲོལ་དུས་རིམ།

ཉེ་རབས་གུས་སྲོལ་གྱི་དུས་རིམ་ནི་ཕྱི་ལོ་༡༩༡༡ལོ་ནས་༡༩༤༨ལོའི་བར་ཡིན་པ་དང་། ཞྭ་ལུགས་ཕག་ལོའི་གསར་བརྗེར་རྒྱལ་ཁ་ཐོབ་པ་དེས་ཀྱང་གོར་ལོ་ཉིས་སྟོང་ལྷག་ཙམ་དབང་བསྒྱུར་བའི་བཀས་བཀོད་རྒྱུད་འཛིན་གྱི་སྲིད་དབང་སྐོར་གཙོད་ལམ་ལུགས་མཇུག་འགྲིལ་བ་མཚོན་ཐུབ། སུན་ཀྲུང་ཧྲན་གྱིས་ཕྱི་ལོ་༡༩༡༢ལོའི་ཟླ་དང་པོའི་ཚེས་༡ཉིན་ནན་ཅིན་དུ་ཀྲུང་ཧྭ་མིན་གོའི་གནས་སྐབས་ཙུང་ཐུང་གི་འགན་བཞེས་པ་དང་། དེ་དང་ཆབས་ཅིག་གུས་སྲོལ་གསར་པའང་བྱུང་ཡོད། སྐབས་དེའི་གུས་སྲོལ་ལས་རང་དབང་དང་འདྲ་མཉམ་གྱི་རྩ་དོན་མངོན་ཞིང་། སློབ་གསོ་ཁྱབ་གདལ་གཏོང་བ་དང་། གུས་སྲོལ་ཉག་ཉོག་མེད་པར་བཟོ་བ། སྙིང་གཏོར་གསར་འཛུགས་བཅས་བྱས་ནས་ཉེ་རབས་ཀྱི་གུས་སྲོལ་སྤེལ་འགོ་ཚུགས་ཡོད་པ་རེད།

༣ དེང་རབས་ཀྱི་ཀུན་སྤྱོལ་དུས་རིམ།

དེང་རབས་ཀྱི་ཀུན་སྤྱོལ་དུས་རིམ་ནི་ཀྲུང་གོ་གསར་པ་དབུ་བརྙེས་པ་ནས་ད་ལྟའི་བར་ཡིན་ཞིང་། ཀྲུང་གོ་གསར་པའི་སྤྱི་ཚོགས་ཀྱི་འབྲེལ་བ་དང་མིའི་དབར་གྱི་འབྲེལ་འདྲིས་གསར་པ་ཞིག་དངོས་སུ་ཚུགས་པ་དེས་རང་རྒྱལ་གྱི་ཀུན་སྤྱོལ་འདི་བཞིན་དུས་རབས་གསར་རྐྱང་ཞིག་ཏུ་སླེབས་པ་མཚོན་ཐུབ། དེང་རབས་ཀྱི་ཀུན་སྤྱོལ་གྱིས་ལོ་རྒྱུས་ཐོག་རྒྱུན་འཛིན་བྱས་པའི་གོམས་སྲོལ་ངན་པ་དང་རིམ་པ་མཆོག་དམན་གྱི་ལམ་ལུགས་དོར་ནས་མི་དང་མིའི་དབར་འདྲ་མཉམ་ལྡན་པའི་སྤྱི་ཚོགས་ཀྱི་འབྲེལ་བ་གསར་པ་ཞིག་བརྟན་པོར་བཙུགས་ཡོད། རྣམ་བཀུར་གཞོན་གཅེས་དང་། བདག་ལས་གཞན་གཅེས། ཀུན་ལ་ཀུན་ལན། རང་གཙུག་བློ་སྦྱོང་སོགས་ཀྲུང་གོའི་སྲོལ་རྒྱུན་གྱི་ཀུན་སྤྱོལ་བཟང་པོར་རྒྱུན་འཛིན་དང་དར་སྤེལ་བྱུང་ཡོད།

ཀུན་སྤྱོལ་གྱི་རྩ་དོན།

༡ དྲང་བདེན་གྱི་རྩ་དོན།

མི་ལ་ལྷག་བསམ་ཟོལ་མེད་དང་ཁ་དན་ཚིག་ལ་གནས་པ་བྱེད་དགོས། དྲང་བདེན་ནི་མི་ཞིག་གིས་མི་དང་བྱ་བར་འཛིན་པའི་རྣམ་འགྱུར་ལ་ཟེར་ཞིང་། བདེན་པ་བདེན་ཐུབ་བྱེད་དགོས་པ་ལས་མགོ་སྐོར་གཏོང་མི་རུང་། ཁ་ཞེ་གཉིས་མེད་ནི་ཕྱིའི་བྱ་སྤྱོད་དང་ནང་གི་བསམ་བློ་གཅིག་གྱུར་ཅན་ལ་ཟེར་ཞིང་། ཡིད་རྟོན་ནི་ཁ་དན་ཚིག་གནས་ལ་ཟེར། དེ་ཡང་ཇི་སྐད་དུ་དམ་པ་མང་པོ་ཁས་འཆེས་མི་བྱེད་ལ། །གལ་ཏེ་དཀའ་བས་ཁས་ནི་བླངས་གྱུར་ན། །རྡོ་ལ་རི་མོ་བྲིས་པ་ལྟ་བུར་ནི། །ཤི་ཡང་གཞན་དུ་བྱེད་པར་མི་འགྱུར་རོ། །ཞེས་པ་ལྟར་ཁ་ཆད་ཅིག་ཡོད་ཕྱིན་དོན་ཐོག་ཏུ་འཁྱོལ་བ་བྱ་དགོས་པའི་དོན་ནོ། །

༢ ཁོག་ཡངས་ཀྱི་རྩ་དོན།

ཁོག་ཡངས་ཞེས་པ་ནི་བློ་རྒྱ་ཆེ་ཞིང་མི་གཞན་ལ་བསམ་ཤེས་བྱེད་ཐུབ་པ་དང་། གནད་དོན་འཕྲད་སྐབས་སྔོན་ལ་མི་གཞན་ལ་བསམ་བློ་གཏོང་བ་ལས་བྱ་བ་དང་ཐོབ་བྱ་སྤྲད་བུ་ཙམ་

ལ་རྫོད་པ་མི་བྱེད་མཁན་ལ་ཟེར། མི་ཕན་ཚུན་འབྲེལ་འདྲིས་བྱེད་དུས་ང་ཚོར་མི་འདྲ་མིན་སྣ་ཚོགས་འཕྲད་ཀྱི་ཡོད་ལ། དེ་དག་གི་བསམ་བློ་དང་། བྱང་ཚད། གོ་རྟོགས་བཅས་ཚང་མ་འདྲ་ཡི་མེད། དེར་བརྟེན། མི་དེ་དག་དང་འབྲེལ་འདྲིས་བྱེད་སྐབས་བག་ཡངས་ཀྱི་བསམ་པ་ཞིག་འཆང་ན་འགལ་བ་སྣ་ཚོགས་སེལ་ཐུབ།

༣ འདུ་མཉམ་གྱི་རྩ་དོན།

སྤྱི་ཚོགས་ཀྱི་ཁྲོད་དུ་ཕན་ཚུན་འབྲེལ་བ་བྱེད་སྐབས། ང་ཚོས་མི་སུ་འདྲ་ཞིག་ལའང་གུས་བཀུར་དང་བག་ཡོད་ཚུལ་ལྡན། ཕྱོགས་རིས་མེད་པ་དང་འདུ་མཉམ་གྱི་སྤྱོད་ཚུལ་འཛིན་དགོས་པ་ལས། གང་དེའི་ཕོ་མོའི་དབྱེ་བ་དང་། རྒན་གཞོན། བྱད་བཞིན། ལས་རིགས། རིགས་རྒྱུད་སོགས་ཀྱི་ཁྱད་པར་ལ་གཞིགས་ནས་དབྱེ་བ་འབྱེད་མི་རུང་། འདུ་མཉམ་གྱི་རྩ་དོན་ནི་སྤྱི་ཚོགས་ཀྱི་གུས་སྲོལ་འབྲེལ་འདྲིས་ཁྲོད་ཀྱི་སྲོག་ཤིང་ཡིན་ལ། དེང་རབས་གུས་སྲོལ་དང་སྲོལ་རྒྱུན་གུས་སྲོལ་དབར་གྱི་ངོ་བོའི་ཐོག་གི་ཁྱད་པར་ཡང་ཡིན།

༤ ཕན་ཚུན་བརྩི་འཇོག་གི་རྩ་དོན།

སྤྱི་ཚོགས་ཁྲོད་གཞན་དང་འབྲེལ་འདྲིས་བྱེད་སྐབས་ཕྱོགས་གཉིས་པོས་ཕན་ཚུན་བརྩི་འཇོག་དང་བསམ་ཤེས་བྱེད་རེས་བྱས་ཚེ་གཞི་ནས་འཆམ་མཐུན་མཉམ་གནས་ཡོང་ཐུབ་ལ། མི་གཞན་གྱི་རང་བཀུར་ལ་གནོད་འཚེ་གཏོང་བ་དང་མི་གཞིས་ལ་དམའ་འབེབས་བྱེད་པའི་བསམ་སྤྱོར་ངན་པ་སྤངས་ཚེ། ད་གཟོད་ཡུན་རིང་འཆམ་མཐུན་མཉམ་གནས་ཡོང་ཐུབ།

༥ ཚད་དང་མཐུན་པའི་རྩ་དོན།

མི་དང་འབྲེལ་བ་བྱེད་སྐབས་ཚད་རན་པོ་དང་འཚམ་པོ་ཡོང་བར་དོ་སྣང་བྱེད་དགོས་ལ། མི་ལ་བརྩི་འཇོག་དང་གུས་བཀུར་ཡང་བྱེད་དགོས། འོན་ཀྱང་མགོ་སྐྱུར་ཕུས་འཇུགས་ལྟ་བུ་དང་། ཐལ་དྲགས་པའི་སེམས་རྩ་འཁོལ་པོའང་བྱེད་མི་རུང་ལ། དེ་བས་ངོ་སླམ་པའི་ང་རྒྱལ་གྱི་བསམ་བློའང་ཡོད་མི་རུང་།

གུས་སྲོལ་གྱི་བྱེད་ནུས་དང་ཕན་ནུས་གཙོ་བོ།

དང་པོ། གུས་སྲོལ་གྱི་བྱེད་ནུས།

༡ འབྲེལ་ལམ་གྱི་བྱེད་ནུས།

ཕན་ཚུན་འབྲེལ་བ་བྱེད་པའི་བརྒྱུད་རིམ་ནང་། མི་རྣམས་ཀྱི་གཏམ་སྤྱོད་དང་རྣམ་འགྱུར་ནི་མངོན་མེད་ཀྱི་ཆ་འཕྲིན་ཞིག་རེད། གུས་སྲོལ་ལ་གོམས་འདྲིས་ལེགས་པོ་ཡོད་ཚེ་མི་ཞིག་གི་རྣམ་པ་ལེགས་སུ་གཏོང་ཐུབ་ལ། མི་དང་མིའི་དབར་གྱི་མཛའ་སེམས་ཀྱང་མཚོན་ཐུབ། དེ་བས་མི་དང་མིའི་དབར་གྱི་བར་ཐག་ཉེ་རུ་གཏོང་ཐུབ་པ་གང་ཞིག །མི་དང་མིའི་དབར་གྱི་བརྩེ་སེམས་ཀྱང་འཕེལ་ཐུབ། གལ་ཏེ་མི་ཚང་མས་གུས་སྲོལ་ལ་བརྩི་སྲུང་ཞུ་ཐུབ་ན། མི་དང་མིའི་དབར་གྱི་འབྲེལ་ལམ་སྔར་བས་སྐྱབས་བདེ་རུ་འགྲོ་ངེས་རེད།

༢ ཚོད་འཛིན་གྱི་བྱེད་ནུས།

གུས་སྲོལ་ཚད་ལྡན་དུ་གཏོང་བ་ནི་མིའི་བྱ་སྤྱོད་ལ་ཚོད་འཛིན་བྱེད་པ་ཞིག་ཡིན་ལ། སྤྱི་

ཚོགས་སུ་གཏན་ཕབ་རང་འགྲིག་ཏུ་གྱུར་ཟིན་པའི་བྱ་སྤྱོད་ཀྱི་རྣམ་པ་ཞིག་ཀྱང་ཡིན། གུས་སྲོལ་ནི་ཕྱི་ཕྱོགས་ཀྱི་གདེང་འཛོག་དང་། ནང་ཕྱོགས། དཔེ་སྟོན་སོགས་ཀྱི་རྣམ་པ་བརྒྱུད་མི་ཚང་མས་ཁས་ལེན་དང་དང་ལེན་བྱེད་པའི་གུས་ལུགས་ཀྱི་ཚད་གཞིར་བརྩི་སྲུང་ཞུ་དགོས་པའི་བླང་བྱ་བརྟན་པ་ཞིག་ལ་ཟེར་ཞིང་། གལ་ཏེ་མི་ཞིག་གིས་གུས་སྲོལ་ལ་སྲུང་བརྩི་མ་ཞུས་ན། སྤྱི་ཚོགས་ཀྱིས་ཀུན་སྤྱོད་དང་སྙིང་ཕྱོགས་ལ་བརྟེན་ནས་མི་དེར་ཚོད་འཛིན་བྱེད་སྲིད།

༣ སྙོམ་སྒྲིག་གི་བྱེད་ནུས།

སྤྱི་ཚོགས་འཚོ་བའི་ཁྲོད་དུ་མི་དང་མིའི་དབར་འགལ་ཟླ་ཡོང་བ་ནི་གཡོལ་ཐབས་མེད་པ་ཞིག་རེད། དེའི་སྐབས་སུ་གུས་སྲོལ་བཟང་པོས་འགལ་བ་དེ་དག་འགོག་ཐུབ་ལ། ཛ་དྲག་གི་རྣམ་པ་ཞི་སྙོད་དུ་གཏོང་ཐུབ་པ་མ་ཟད། མི་དང་མིའི་དབར་གྱི་འགལ་བ་སྙོམ་སྒྲིག་བྱེད་ཐུབ་ཀྱི་ཡོད། དེར་བརྟེན་གུས་སྲོལ་གྱིས་མི་དང་མིའི་དབར་གྱི་འགལ་ཟླར་ཐག་གཅོད་བྱེད་ཐུབ་པ་དང་ཕན་ཚུན་དབར་གྱི་འབྲེལ་བ་སྐྱོན་བྲལ་དང་འཕེལ་རྒྱས་ཡོང་བར་སྐུལ་སློང་བྱེད་པའི་ཁྲོད་ནུས་པ་གལ་ཆེན་འདོན་སྤེལ་བྱེད་བཞིན་ཡོད་པ་མཐོང་ཐུབ།

གཉིས་པ། གུས་སྲོལ་གྱི་ཕན་ནུས།

གུས་སྲོལ་གྱིས་གཞན་ལ་བག་ཆགས་ཡག་པོ་ཞིག་འཇོག་པར་ཕན་པ་ཡོད། སྐྱེ་བོ་སུ་ཞིག་ཡིན་རུང་རང་ཉིད་མི་གཞན་གྱི་མདུན་དུ་བག་ཆགས་ཡག་པོ་ཞིག་བཞག་སྟེ་མི་གཞན་གྱི་ཡིད་ཆེས་དང་བརྩི་འཇོག་འཐོབ་རྒྱུའི་རེ་བ་བྱེད་ཀྱི་ཡོད། དེའང་གུས་སྲོལ་ནི་བག་ཆགས་ལེགས་པོ་གཏོང་བྱེད་ཀྱི་བྱ་ཐབས་གལ་ཆེན་ཞིག་ཡིན། ནང་མོལ་བྱེད་སྐབས་གུས་སྲོལ་ལ་དོ་སྣང་བྱས་ཚེ་ཡ་རབས་ཅན་དུ་འགྱུར་ཐུབ་ལ། བྱ་སྤྱོད་ཚུལ་དང་ལྡན་ན། བལྟས་པ་ཙམ་གྱིས་ཡ་རབས་ལ་བབ་ཆགས་པ་ཞིག་ཏུ་མཐོང་ཞིང་། གུས་སྲོལ་ལ་དང་དོད་བྱས་ན། ཡོད་རྒྱུ་ཡིད་དབང་འཕྲོག་པའི་ཉམས་ཤིག་ཀྱང་མངོན་ཐུབ།

ལེའུ་གཉིས་པ།

བབས་ཆགས་ཚིག་འཛམ་གྱུས་སྒྲོལ་
བཟང་པོ་ཡིས། སྙེར་གྱི་རྣམ་པ་
ལེགས་པོ་བསྐྱུན་པར་བྱེད།

འཚོ་བའི་ཁྲོད་དུ་གཞན་ལ་བག་ཆགས་བཟང་པོ་འཇོག་རྒྱུ་ནི་ད་ཅང་གལ་ཆེན་ཞིག་ཡིན། སློབ་གྲྭ་འབྲིང་ཆུང་གི་སློབ་མས་རང་ངོས་ཀྱི་རྣམ་པ་བཟང་པོ་གཏོད་པར་ཕྱིའི་རྣམ་པ་དང་། བྱ་སྤྱོད། རྣམ་འགྱུར་བཅས་ལ་དོ་སྣང་བྱེད་དགོས་པ་མ་ཟད། བློ་སྤྱོད་དང་ཡིད་དབང་འཕྲོག་ཤུགས་རྒྱུན་ཆད་མེད་པར་གོང་མཐོར་བཏང་ནས་བག་ཆགས་པའི་གུས་སྲོལ་ལ་སློབ་སྦྱོང་བྱེད་དགོས།

རང་ཉིད་ཀྱི་རྣམ་པ་ལེགས་པོ་ཇི་ལྟར་གཏོད་དགོས་སམ།

༡ ཕྱིའི་རྣམ་པ།

གྱོན་ཆས་སྟབས་བདེ་ལ་སྤུས་ཞིང་གཙང་བ། སྐྲ་གཙང་མར་བཀྲུ་བ། སེན་མོ་རིང་པོ་མི་འཇོག་པ། ལམ་ལ་འགྲོ་སྐབས་མགོ་བོ་བཏེགས་ཤིང་བྲང་ཁ་ལྡིར་བ། སྐད་ཆ་ཤོད་སྐབས་སྒྲ་གསལ་ཞིང་ཤུགས་དང་ལྡན་པ། ལས་ལ་བརྩོན་པ། སློབ་སྦྱོང་ལ་འབད་བརྩོན་དང་ཡར་རྒྱས་

ཀྱི་བསམ་པ་ལྡན་པ་ཞིག་དགོས།

༢ ནང་སེམས་པ།

རང་དོས་ལ་བྱང་ཆད་མཐོ་པོ་ཞིག་ཡོད་དགོས། བྱང་ཆད་ཀྱིས་མི་ཞིག་གི་རྣམ་པར་ཐད་ཀར་ཤུགས་རྐྱེན་ཐེབས་ཀྱི་ཡོད་ཅིང་། རང་དོས་ཀྱི་བྱང་ཆད་མཐོ་པོ་དེའི་ནང་རིན་ཐང་གི་ལྟ་བ་དང་འཛིག་རྟེན་གྱི་ལྟ་བ། མི་དང་མིའི་དབར་གྱི་འབྲེལ་འདྲིས་ཁྲོད་ཀྱི་སྤྱོད་ལམ་བཟང་པོ་དང་། བློ་རྒྱ་ཡངས་པོ། བློ་རྩ་བརྟན་པོ་བཅས་ཚུད་ཡོད། དེ་བཞིན་བྱ་བ་གང་ཞིག་ཡིན་རུང་བསམ་བློ་ཐོངས་ཐུབ་ཅིང་། དོན་ཆུང་ལ་མི་རྩོད་པར་ཕུགས་བསམ་དང་ལྡན་ཚོད་གཟོད་འཚོ་བའི་ཁྲོད་ཀྱི་དྲག་ཆར་རླུང་འཚུབ་དག་ལས་རྣམ་པར་རྒྱལ་ཐུབ་པ་མ་ཟད། དཀའ་སྡུག་དང་བར་ཆད་ལ་མི་སྐྲག་པའི་ཞུམ་མེད་ཀྱི་བློ་སྟོབས་ལྡན་དགོས་ལ། རུར་བརྩོན་དང་སྤྲོ་སྣང་གིས་འཚོ་བར་ཁ་ཕྱོགས་དགོས་པ་གང་ཞིག །རང་ལ་ཡིད་ཆེས་ཀྱང་ཡོད་དགོས། མི་ཞིག་གིས་བྱ་བ་གང་དེ་ལེགས་གྲུབ་བྱ་འདོད་ཚེ། ཕྱིའི་འགོག་རྐྱེན་ལ་དང་ལེན་དང་ཐག་གཅོད་བྱེད་པའི་བློ་སྟོབས་ལྡན་དགོས་པ་ནི་ཧ་ཅང་གལ་ཆེན་ཞིག་ཡིན། སྐབས་འགར་མི་ཞིག་གི་ཕམ་ཁ་ནི་འཛོན་ནུས་མི་འདད་པའི་རྐྱེན་གྱིས་མ་ཡིན་པར་རང་ཉིད་ལ་ཡིད་ཆེས་མི་འདད་པས་རེད། དེས་ན་ནམ་ཡང"ངས་བསྒྲུབ་ཐུབ"སྙམ་པའི་བློ་ཡོད་དགོས་ཤིང་། ཡོད་ཆད་སེམས་ཁམས་ལ་རག་ལུས་ཞེས་པ་ལྟར། རང་གིས་རང་ལ་ཡིད་ཆེས་བྱེད་པ་ནི་རྒྱལ་ཁའི་ལམ་དུ་མེད་དུ་མི་རུང་བའི་སེམས་ཁམས་ཤིག་ཡིན།

རང་ཉིད་ལ་རྣམ་པ་ལེགས་པོ་ཞིག་བསྐྲུན་པའི་གལ་ཆེའི་རང་བཞིན།

༡ ནང་སེམས་ཀྱི་ཡོན་ཏན་མངོན་པ།

བབས་ཆགས་པའི་རྣམ་པས་ཐོག་མར་འཕྲད་པའི་མི་རྣམས་ལ་བག་ཆགས་བཟང་པོ་ཞིག་འཛོག་ཐུབ། གནས་ཡུལ་མི་འདྲ་བར་དེ་བསྟུན་གྱི་རྒྱན་གོས་སྤྲོས་དགོས་ཤིང་། མི་ཞིག་གི་གཏམ་གླེང་དང་བྱ་སྤྱོད་ཐོག་ནས་ནང་སེམས་ཀྱི་སྤྱོད་ཚུལ་མངོན་ཐུབ།

༢ འབྲེལ་འདྲིས་ཀྱི་ལག་ཆ་གལ་ཆེན།

ཕྱི་ནང་གི་རྣམ་པས་མི་དང་མིའི་དབར་འབྲེལ་འདྲིས་བྱེད་པའི་བརྒྱུད་རིམ་ནང་ཏུ་ཅང་གལ་འགངས་ཆེ་བའི་ནུས་པ་ཐོན་གྱི་ཡོད་ཅིང་། དེས་མི་གཞན་གྱིས་ཁྱེད་ལ་ཡིད་ཆེས་བྱེད་ཚད་གཏན་འཁེལ་བྱེད་ཀྱི་ཡོད། གྱོན་ཆས་ནི་སྣང་བརྙན་བཞེངས་སྐྲུན་གྱི་ཕྱིའི་རྣམ་པ་དང་པོ་དེ་ཡིན་པས། རྟག་ཏུ་མི་གཞན་གྱིས་དོ་སྣང་བྱ་ཡུལ་ཞིག་ཏུ་གྱུར་ཡོད། མི་ཞིག་གི་རྣམ་པ་དེ་ཕན་ནུས་ལྡན་པའི་འབྲེལ་འདྲིས་ཀྱི་ལག་ཆ་ཞིག་ཏུ་འགྱུར་སྐབས། རྣམ་པ་འདོན་རྒྱུ་དེ་མ་འཛོག་བྱེད་པ་དང་འདྲ་བས། ཡུན་དུ་རྒྱུན་འཁྱོངས་བྱས་ན་ཕུན་སུམ་ཚོགས་པའི་ཐོབ་ཆ་ལེན་ཐུབ་པ་མ་ཟད། རིན་ཐང་ཡང་འཕར་སྲིད།

༣ ཕྱི་ནང་གི་རྣམ་པས་རང་ཉིད་ཁོ་ན་ཙམ་མཚོན་པ་མ་ཡིན།

སྤྱི་ཚོགས་ཐོག་ང་ཚོས་ཐོབ་ཐང་མི་འདྲ་བ་མང་པོ་མཚོན་ཐུབ་པ་དགོས་ཀྱི་ཡོད་པས། མི་སྒེར་གྱི་རྣམ་པ་དེས་ཐུན་མོང་གི་རྣམ་པ་ཡང་མཚོན་གྱི་ཡོད། ཕྲུ་གུ་ཞིག་ཡིན་པའི་ངོས་ནས

རང་གི་རྣམ་པས་ཁྱིམ་ཚང་གི་ཚབ་བྱེད་ཀྱི་ཡོད་པ་དང་། སློབ་མ་ཞིག་ཡིན་པའི་ཆ་ནས། ཁྱོད་ཀྱི་རྣམ་པས་སློབ་གྲྭའམ་ཁྱོད་གནས་སའི་འཛིན་གྲྭ་མཚོན་གྱི་ཡོད། དེར་བརྟེན་སློབ་གྲྭ་འབྲིང་ཆུང་གི་སློབ་མས་རང་ཉིད་ཀྱི་ཕྱི་ནང་གི་རྣམ་པ་དང་བློ་སྤྱོད་གི་གལ་ཆེའི་རང་བཞིན་ཤེས་རྟོགས་ཐུབ་པ་བྱེད་དགོས།

སློབ་མའི་གྱོན་ཆས་ཀྱི་རྩ་དོན། ✧

༡ གཙང་ཞིང་གྲལ་འགྲིག་པ།

གྱོན་ཆས་ལ་ཚོས་གཞི་མང་པོ་དང་རིན་གོང་མཐོ་པོ་མི་དགོས་པར། གཙང་ཞིང་གྲལ་འགྲིག་ལ། ལུས་ལ་སྦྱམ་པོ་ཞིག་བྱུང་ན་འགྲིག་གི་ཡོད། གྱོན་གོས་གཙང་ལ་གྲལ་འགྲིག་པོ་གྱོན་པ་ནི་རང་ཉིད་གཅིག་པུའི་ཆེད་དུ་མ་ཡིན་པར། མི་གཞན་ལ་བརྩི་བཀུར་བྱེད་པའང་མཚོན་གྱི་ཡོད།

༢ ཐོབ་ཐང་ངམ་ལོ་ཚོད་དང་མཐུན་པའི་གྱོན་ཆས་གྱོན་དགོས།

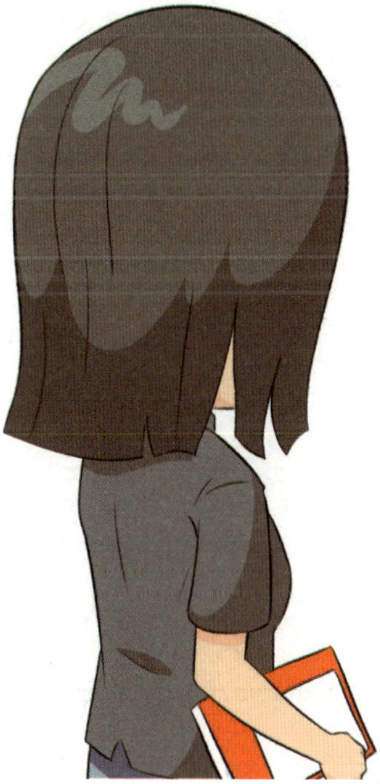

སྤྱི་ཚོགས་ཀྱི་འབྲེལ་འདྲིས་ཁྲོད། གལ་ཏེ་གྱོན་སྟངས་ཚུལ་དང་མ་མཐུན་ན། གཞན་གྱིས་གོ་ནོར་ཐེབས་སྲིད། དཔེར་ན། སློབ་གྲོགས་ཤིག་གིས་སྨད་གཡོགས་ཐུང་ཐུང་ཞིག་གྱོན་ནས་སློབ་གྲྭར་ཕྱིན་ན་འཚམ་པོ་མེད་པ་ལྟ་བུའོ།།

༣ ཡུལ་དུས་ལ་བསྟུན་ནས་གྱོན་ཆས་གྱོན་དགོས།

གྱོན་གོས་རྫིག་པོ་ཇི་འདྲ་ཞིག་གྱོན་ཡོད་ཀྱང་།

གལ་ཏེ་ཡུལ་དུས་ལ་མ་བསྟུན་ན། གུས་ཞབས་མེད་པའི་ངང་ཚུལ་ཞིག་མངོན་གྱི་ཡོད། དཔེར་ན་བྱེད་སྒོར་ཞུགས་དུས། ཚང་མས་གཟབ་མཆོར་ལེགས་པར་སྤྲས་ཏེ་སླེབས་ཚེ། རང་གིས་རྒྱུན་གོས་གྱོན་ན་གུས་ཞབས་མེད་པ་མཚོན་པ་དང་། དངོས་གཞིའི་ཚོགས་འདུའམ་ཡང་ན་གལ་ཆེའི་མཛད་སྒོའི་ཐོག་ས་གནས་དེ་གའི་རིག་གནས་གོམས་སྲོལ་ལ་གཞིགས་ཏེ་ཡུལ་དུས་དང་བསྟུན་ཤེས་པ་དགོས། ཆོས་ཁང་དང་དགོན་སྡེ་ལྟ་བུའི་དབེན་གནས་སུ་འགྲོ་སྐབས་ནང་གཟུགས་ཕྱིར་མངོན་ཆེ་བའི་གྱོན་ཆས་གྱོན་མི་རུང་།

༥ དུས་མཚམས་མི་འདྲ་བའི་གྱོན་ཆས་གྱོན་སྟངས་ཀྱི་སྒྲིག་སྲོལ་ལ་བརྩི་སྲུང་ཞུ་དགོས།

དུས་མཚམས་མི་འདྲ་བའི་གྱོན་ཆས་ཀྱི་དགོས་མཁོ་ཡང་འདྲ་མི་སྲིད། དཔེར་ན། སློབ་མས་སློབ་གྲྭའི་ནང་དུ་སློབ་གོས་གྱོན་དགོས་པ་དང་། སློབ་གྲྭ་གྲོལ་ནས་ཁྱིམ་དུ་ལོག་པའམ་ཡང་ན་གཟའ་མཇུག་ཏུ་གྱོན་ཆས་གཞན་པ་གྱོན་ཆོག །ལས་ཀར་འགྲོ་མཁན་གྱིས་ལས་ཀའི་སྐབས་སུ་ལས་གོས་སམ་ཙུང་འདྲ་ཆགས་པའི་གྱོན་ཆས་གྱོན་དགོས་པ་དང་། ལས་ཀ་གྲོལ་རྗེས་གང་འདོད་ལྟར་གྱོན་ཆོག །

རང་ཉེར་གྱི་བྱ་ལུགས་བཏང་སྟོང་བྱེད་དགོས་པ་གང་དག་ཡོད་དམ།

༡ ཟ་ལུགས་འགྲོ་ལུགས་སྡོད་ལུགས་གསུམ།

བྱ་ལུགས་ཞེས་པ་ནི་མིའི་འབྲེལ་འདྲིས་ཁྲོད་བྱ་སྤྱོད་ཀྱི་ཚུལ་སྟོན་སྟངས་ཤིག་ལ་ཟེར། དེའི་ནང་གཙོ་བོ་ཟ་ལུགས་དང་། འགྲོ་ལུགས། སྡོད་ལུགས་སོགས་ཚུད་ཡོད། དམངས་ཁྲོད་དུ་ལངས་ན་གསོམ་སྡོང་ལྟར་འཕྲོང་ཞིང་། བསྡད་ན་ཅོང་ལྟར་བ་བཀྱིང་བ། འགྲོ་ན་རླུང་ལྟར་མགྱོགས་པ། སྨྲར་ན་གཞུ་ལྟར་གུག་པ་ཞིག་དགོས་ཞེས་པའི་སྐད་ཆ་འདི་འདྲ་ཞིག་ཡོད། དེས་ན་སློབ་གྲྭ་འབྲིང་ཆུང་གི་སློབ་མ་རྣམས་ཀྱིས་ཀྱང་བསྡད་ན་བསྡད་པའི་ཉམས་དང་། ལངས་ན་འཕྲོང་པོ་མདའ་འདྲ་བ། གཞན་ལ་རྒྱབ་རྟེན་པའམ་བསླེས་པ་སོགས་མ་ཡིན་པ། འགྲོ་སྐབས་

༢ འདྲི་གཏམ།

ཁྱེད་རང་གི་མཚན་ལ་ག་རེ་ཞུ་ཡི་ཡོད་དམ། བཀའ་འདྲི་ཞུ་རྒྱུར་ཁྱེད་ལ་རོགས་པ་ག་ཚོད་ཡོད་དམ། བཀའ་འདྲི་ཞུ་རྒྱུར་སྐབས་བདེ་པོ་འདུག་གམ། བཀའ་འདྲི་ཞུ་རྒྱུར་སྒྱུར་བསྒྲོད་ལྟུགས་ལམ་གྱི་འབབ་ཚུགས་སུ་ཇི་ལྟར་འགྲོ་དགོས་སམ་སོགས་ཡོད།

༣ ཞེ་སའི་གཏམ།

དཔེར་ན། བཞུགས་དང་། ཕྲངས་འཁོར་ལ་ཕེབས་དང་། ག་ལེར་ཕེབས་ལྟ་བུ་ཡོད།

༤ འཚམ་འདྲིའི་གཏམ།

ཞོགས་པ་བདེ་ལེགས། ཉིན་གུང་བདེ་ལེགས། ཕྱི་དྲོ་བདེ་ལེགས། དགོང་མོ་བདེ་ལེགས། ཁྱེད་རང་ལ་ཐུགས་སྣུན་ཞུས་སོང་ཞེས་པ་སོགས་མང་པོ་ཡོད།

༥ རྗེན་འབྲེལ་ཞུ་བའི་གཏམ།

ཁྱེད་རང་ཉིན་ལྟར་སེམས་སྐྱིད་པོ་ཡོང་བར་ཤོག །ཁྱེད་རང་ཡིག་ཚད་ལོན་པར་སྨོན་འདུན་ཞུ་ཞེས་པ་སོགས་མང་ངོ་།།

༦ གྲེས་གཏམ།

བདེ་འཇགས་ལ་དོ་སྣང་གནང་རོགས། བྱ་བ་ལམ་འགྲོ་ཡོང་བའི་སྨོན་འདུན་ཞུ། ཇེས་སུ་མཇལ་ཡོང་ཞེས་པ་སོགས་ཡོད།

གྱུས་ཞབས་ལྡན་པའི་འབོད་རྒྱལ་དག་སྤྱོད་སྐབས་དོ་སྣང་བྱེད་དགོས་པའི་དོན་ཚན། ✧

༡ ཕོ་མོའི་དབྱེ་བ་མི་འདྲ་བར་འབོད་ཚུལ་ཡང་མི་འདྲ་བ་སྤྱོད་དགོས།

དཔེར་ན་བུད་མེད་ལ་སྲུས་མོའི་སྐུ་ཞབས་དང་མཁྱེན་ལྡན་མ་ལྕམ་སྐུ་ཞབས་སོགས་འབོད་ཚིག་པ་དང་། སྐྱེས་པ་ལ་སྐུ་ཞབས། བློ་མཐུན། རྒན་ལགས་སོགས་འབོད་ཚིག །མཛའ་

བརྩེ་ཟབ་མི་ཟབ་ཀྱི་དབང་གིས་འབོད་ཚུལ་ཡང་མི་འདྲ་བ་ཡོད་དེ། གལ་ཏེ་འབྲེལ་བ་ཤིན་ཏུ་བཟང་བའི་མི་ཞིག་ཡིན་ན། གཅེས་མིང་དང་མིང་འདོགས་སོགས་འབོད་ཆོག །འོན་ཀྱང་འབྲེལ་བ་སྤྱིར་བཏང་གི་མི་ཞིག་ཡིན་ཚེ་འདི་ལྟར་འབོད་ན་མི་འཚམ།

༢ གཞན་འབོད་སྐབས་ཁོར་ཡུག་མི་འདྲ་བར་བསྟུན་ནས་འབོད་ཚུལ་ལ་འགྱུར་བ་གཏོང་དགོས།

དཔེར་ན། ཀུང་སི་ཞིག་གི་སྤྱི་བདག་གི་བུ་ཀུང་སི་དེ་གར་ལས་ཀ་བྱེད་ཀྱི་ཡོད་ན། ཀུང་སི་ཏུ་ཨ་ཕ་དང་ཐུག་འཕྲད་བྱེད་སྐབས་བུས་ཨ་ཕ་ཞེས་ཐད་ཀར་འབོད་མི་ཉུང་བར། གང་དེའི་ལས་གནས་ཀྱི་མིང་ནས་འབོད་དགོས།

༣ ཕ་རོལ་པོའི་གོམས་གཤིས་ལ་བསྟུན་ནས་འབོད་དགོས།

འཚོ་བའི་ཁྲོད་མི་ལ་ལས་བུད་མེད་ལ་གུས་བཀུར་མཚོན་ཆེད། ཨ་ཅག་དང་ཨ་ནེ་ཞེས་འབོད་སྲིད། འོན་ཀྱང་བུད་མེད་ལ་ལས་འདི་ལྟར་འབོད་པར་དགའ་པོ་བྱེད་ཀྱི་མེད།

༤ ངོ་ཕྲད་གླེང་མོལ་བྱེད་སྐབས་ཀྱི་གུས་ལུགས།

མི་ལ་ལའི་བསམ་པར་རང་ཉིད་ཀྱིས་ཕོ་ལ་སྐད་ཆ་བཤད་པ་ཙམ་གྱིས་འགྲིག་པ་ལས་གུས་ཞབས་ཀྱི་འབོད་ཚུལ་སྤྱད་དགོས་དོན་མེད་སྙམ་གྱི་ཡོད། ཡིན་ནའང་གུས་ཞབས་ཤེས་མཁན་གྱི་མི་ཞིག་ཡིན་ན་མི་ལ་བརྩི་བཀུར་མཚོན་ཆེད་དུ་གུས་ཞབས་ཀྱི་འབོད་ཚུལ་མང་པོ་སྤྱོད་ཀྱི་ཡོད།

༥ གླེང་མོལ་བྱ་ཡུལ་གྱི་ཁྱིམ་མིར་གུས་ཞབས་ཀྱིས་འབོད་སྲོལ་ཡོད་པ།

དཔེར་ན། དགེ་རྒན་གྱི་ཆུང་མར་རྒན་ལགས་ཀྱི་སྐུ་ཟླ་ཞེས་འབོད་པ་དང་། སློབ་གྲོགས་ཀྱི་ཨ་མར་ཨ་ཅག་ལགས་ཞེས་འབོད་པ། སློབ་གྲོགས་ཀྱི་གཅེན་པོའམ་ཡང་ན་མི་རབས་གཅིག་པ་གཞན་པར་གཅེན་པོ་དང་ཨ་ཅག །གཅུང་པོ། གཅུང་མོ་སོགས་འབོད་དགོས།

༤ སྐད་ཆ་བཤད་ཡུལ་ལ་གཞིགས་པའི་གྲུས་ཞབས་ཀྱི་འགོད་སྒྲོལ།

དཔེར་ན། ཕ་རོལ་པོའི་ཁུས་མིང་འདྲི་འདོད་ཚེ་ཁྱེད་ཀྱི་མཚན་ལ་གང་ཞུ་ཞེས་པའམ་ཁུས་མིང་ལ་གང་ཞུ་ཞེས་དྲིས་ཚོག །ཆན་གོན་གྱི་ལོ་གྲངས་འདྲི་སྐབས་དགུང་གྲངས་ག་ཚོད་ལ་ཕེབས་ཡོད་ཅེས་དྲིས་ན་ཚོག།

ལེའུ་གསུམ་པ།

སློབ་རའི་འཚོ་བའི་གྲུབ་སྲོལ་ལ་བརྩི་སྲུང་ཞུས་ཏེ། ཇོ་སྐྱིད་དང་སྒྲིག་ཁྲིམས་ལྡན་པའི་ཁོར་ཡུག་བཟང་པོ་ཞིག་གཏོད་དགོས།

ཞོགས་པའི་ཉི་གཞོན་ཤར་རིའི་རྩེ་ནས་འཛུམ་དུས། ཁྱོད་ཀྱིས་དགའ་སྤྲོའི་གོམ་སྟབས་ཡང་པོ་སློབ་རའི་པང་དུ་སྤོ་བཞིན། གཙང་ཞིང་གྲལ་འགྲིག་པའི་སློབ་རའི་ནང་སྐྱོད་སྐབས། ཁྱོད་ལ་ང་ཚོ་སློབ་གྲོགས་ཡོངས་ཀྱིས་འདི་ལ་གཅེས་སྐྱོང་བྱེད་དགོས་འདུག་སྙམ་པའི་བློ་ཞིག་སྐྱེས་བྱུང་ངམ། སློབ་གྲོགས་ཚོའི་དགའ་སྤྲོའི་དགོད་སྒྲ་དག་ཐོས་སྐབས། ཁྱོད་ཀྱིས་སློབ་རའི་མཛེས་སྡུག་དང་དྭངས་གཙང་དེ་ཚོར་བྱུང་ངམ། དེས་ན་ང་ཚོ་མཉམ་དུ་སློབ་རའི་འཚོ་བའི་གུས་སྲོལ་ལ་སློབ་སྦྱོང་བྱས་ནས་ཐུན་མོང་ཐོག་ཞི་མཐུན་དང་མཛེས་སྡུག་ལྡན་པའི་སློབ་ར་ཞིག་བསྐྲུན་དགོས།

བརྩི་སྲུང་ཞུ་དགོས་པའི་སློབ་རའི་གུས་སྲོལ།

༡ སློབ་རའི་གཙང་སྦྲ་རྒྱུན་འཁྱོངས་བྱེད་དགོས།

སློབ་ར་ནི་ང་ཚོའི་ཁྱིམ་ཡིན་པས་མི་ཚང་མས་དེ་ལ་གཅེས་སྐྱོང་བྱེད་དགོས། སློབ་རའི་གཙང་སྦྲ་རྒྱུན་འཁྱོངས་བྱ་རྒྱུ་ནི་སློབ་གྲྭ་འབྲིང་ཆུང་གི་སློབ་མའི་འགན་འཁྲི་ཡིན་པས། ང་ཚོས་ཁ་ལུད་དང་གད་སྙིགས། ཤོག་སྙིགས་སོགས་གང་བྱུང་དུ་མི་གཡུག་པ་དང་། གད་བདར་ལག་པོ་རྒྱག་པ། རྩྭ་དང་མེ་ཏོག་ལ་གཅེས་སྲུས་བྱེད་པ་ལས་ཐོག་བཙིས་མི་གཏོང་བ། རྐང་འཁོར་གང་བྱུང་དུ་མི་འཇོག་པར་རང་རྟགས་དང་དམིགས་འཛུགས་བྱས་པའི་རྐང་འཁོར་འཇོག་སར་གྲལ་འགྲིག་པོར་འཇོག་པ་བཅས་བྱེད་དགོས།

༢ རྣམ་འགྱུར་དང་བཟོ་ལྟར་དོ་སྣང་བྱེད་དགོས།

མི་སྐྱེར་གྱི་འཕྲོད་བསྟེན་ལ་དོ་སྣང་བྱ་རྒྱུ་ནི་རྣམ་པ་མཛེས་པོའི་གཞི་རྩའི་སྔོན་འགྲོ་ཡིན་ལ། གུས་སྲོལ་གྱི་ཆེས་གཞི་རྩའི་བླང་བྱ་ཡང་ཡིན། རྒྱན་གོས་ཇི་ལྟར་མཛེས་ཀྱང་། གལ་ཏེ་ངོ་གདོང་བཙོག་པ་དང་ལུས་ལས་དྲི་ངན་ཐུལ་བཞིན་ཡོད་ན། དེ་ནི་མི་རྣམས་ཀྱིས་ཛ་རེ་ཛོ་རེ་དང་། གཙང་སྦྲ་མི་དགའ་བ་ཞིག་འདུག་སྙམ་སྲིད། དེར་བརྟེན། ང་ཚོས་ལག་པ་དང་ངོ་གདོང་། གཟུགས་པོ། རྐང་པ་སོགས་ཡང་ཡང་བཀྲུ་བ་དང་། སེན་མོ་འབྲེག་པར་དགའ་བ། གྱོན་གོས་བརྗེ་རྒྱུར་དགའ་བ་བཅས་ཀྱི་གོམས་གཤིས་བཟང་པོ་རང་རྒྱུད་ལ་འཇགས་པ་བྱེད་དགོས།

སློབ་མའི་སྐྱོན་པའི་ཐད་བབས་ཆགས་པ་དང་། སྟབས་བདེ་ཞིང་ལུས་ལ་འཚམ་པ། མཛེས་བཟོ་མི་བྱེད་པ། རྒྱན་ཆ་མི་འདོགས་པ། སྐྲ་ལ་ཚོས་གཏོང་བ་དང་སྤུ་ལུ་བཟོ་བ་སོགས་བྱེད་མི་རུང་།

༣ མི་གཞན་ལ་བརྩི་བཀུར་བྱས་ཏེ། འཆམ་མཐུན་མཉམ་གནས་ཡོང་བ་བྱེད་དགོས།

མི་དང་འབྲེལ་བ་བྱེད་པའི་བརྒྱུད་རིམ་ཁྲོད། མི་ཚང་མ་སྙིར་ཚུགས་ཅན་ཞིག་ཡིན་པས། ཚང་མར་ཕན་ཚུན་བརྩི་འཇོག་དང་བསམ་ཤེས་ཐོབ་འདོད་ཀྱི་བློ་དེ་ཡོད། བརྩི་བཀུར་ནི་འཕྲུལ་སྒྱུམ་ཞིག་དང་འདྲ་བར། ཕན་ཚུན་དབར་གྱི་བརྡར་ཤུགས་ཆུང་དུ་གཏོང་ཐུབ། འགལ་བ་བྱུང་སྐབས་ཐོག་མར་སེམས་ལྷོད་ལ་བབས་ནས་རང་ཉིད་ཀྱི་བྱ་སྤྱོད་ལ་བསམ་གཞིག་བྱེད་ཅིང་། དེ་ནས་ཕན་ཚུན་བསམ་ཤེས་དང་གཞན་ལ་བཟོད་སྒོམ་བྱས་ཏེ་ཁོང་ཡངས་ཀྱི་བསམ་པ་ཞིག་ཡོད་དགོས། སློབ་གྲྭའི་ནང་དུ་དུང་ཐུན་མོང་གི་ཕྱུར་བ་གྲུ་འདེགས་ཀྱི་སྙིང་སྟོབས་གསོ་སྐྱོང་བྱེད་དགོས། དེ་ལྟར་བྱས་ན་སློབ་གྲོགས་དབར་གྱི་མཐུན་སྒྲིལ་ཆེ་རུ་འགྲོ་ཐུབ་ལ་མཛའ་བརྩེ་ཡང་འཕེལ་ཐུབ། རང་འགྱུལ་དང་ང་ཚོ་ལས་ཉམས་ཞན་པ་རྣམས་ལ་རོགས་རམ་བྱེད་དགོས་པ་ལས། དབང་ཤུགས་ལ་བརྟེན་ནས་གཞན་ལ་བཙས་བཙོས་དང་མགོ་སྐོར་གཏོང་བ་སོགས་བྱེད་མི་རུང་། ཁྱེད་རང་ལ་ཡོད་པའི་མཛེས་སྡུག་དང་དྭངས་གཙང་གི་གཤིས་རྒྱུད་དེ་ཁྱེད་རང་གི་བྱ་སྤྱོད་དངོས་ལས་མངོན་ཡོང་གི་ཡོད་པས་མཐའ་སྐོར་གྱི་བྱ་དངོས་ཡོངས་ལ་དྲང་བདེན་དང་བརྩེ་བས་ཕྱུག་པའི་བསམ་པ་ཞིག་ཁྱེར་ནས་བལྟ་དགོས་ལ། རྒྱུན་དུ་རང་བཀུར་དང་རང་གཅེས། གཞན་ལ་བརྩི་འཇོག་དང་བསམ་ཤེས་བཅས་བྱེད་ཐུབ་པ་དགོས།

བརྩི་སྲུང་ཞུ་དགོས་པའི་འཛིན་གྲྭའི་གུས་སྲོལ་གྱི་བླང་བྱ།

༡ རྒྱུན་གཏན་གྱི་བྱེད་སྒོ།

རང་རྟོགས་དང་གྲལ་འཁྲིག་ལ་གཙང་སྦྲ་དོད་པའི་སློབ་ཁང་གི་རྣམ་པར་རྒྱུན་འཁྱོངས་བྱེད་དགོས་པ་ལས་སློབ་ཁང་ནང་འདེད་རེས་དང་འཛིང་རེས་སོགས་བྱེད་མི་རུང་ལ། ནག་

པང་དང་། གྱང་། སྒྲོག་ཙེ་བཅས་ཀྱི་ཐོག་ཏུ་གང་བྱུང་དུ་རི་མོ་འབྲི་བའམ་བཀོས་རྒྱག་པ་སོགས་བྱེད་མི་རུང་།

༢ སློབ་ཚན་མ་ཚུགས་གོང་།

སློབ་ཚན་མ་ཚུགས་གོང་གྲ་སྒྲིག་ཡག་པོ་བྱེད་དགོས་ཤིང་། ཉིན་རེའི་ལས་རིམ་གྱིས་དུས་ཐོག་ཏུ་ནག་པང་གཙང་མར་འཕྱི་བ་དང་། སྒྲོག་ཙེ་གཙང་ཞིང་གྲལ་འགྲིག་པར་དོ་སྣང་བྱེད་དགོས།

༣. སློབ་ཁྲིད་ཀྱི་སྐབས།

སློབ་ཚན་ཚུགས་པའི་དྲིལ་བརྡ་གྲག་སྐབས་ཁ་ཁྱུ་སིམ་པོར་བསྡད་དེ་དགེ་རྒན་གྱིས་སློབ་ཚན་འཚོག་རྒྱུར་སྒུག་དགོས། དགེ་རྒན་སློབ་ཁང་དུ་ཕེབས་དུས། འཛིན་དཔོན་གྱི་བརྡ་ལ་ཉན་ནས་དགེ་རྒན་ལ་གུས་འདུད་ཞུ་དགོས། དགེ་རྒན་གྱིས་གུས་ལན་གནང་རྗེས་གཞི་ནས་སློང་

འཛུགས་དང་སྡོད་དགོས་པ་དང་སློབ་ཁྲིད་སྐབས་སློབ་མ་རྣམས་དུས་ཐོག་ཏུ་སློབ་ཁང་ནང་སླེབས་པ་བྱེད་དགོས། གལ་ཏེ་དམིགས་བསལ་གྱི་གནས་ཚུལ་ཡོད་ན། སྔ་ཙམ་དགེ་རྒན་ལ་གནས་ཚུལ་གསལ་བཤད་ཞུ་དགོས།

༄ སློབ་ཁྲིད་ལ་ཉན་པ།

སློབ་ཚན་འཚོགས་བཞིན་པའི་སྐབས་ང་ཚོས་རིག་པ་བསྒྲིམས་ནས་དགེ་རྒན་གྱི་སློབ་ཁྲིད་ལ་ཉན་དགོས་པ་དང་། རང་རྒྱ་འཕེར་བའི་སྒོ་ནས་བསམ་བློ་གཏོང་བ། ནན་ཏན་གྱིས་ཟིན་བྲིས་འགོད་པ། གསལ་པོ་མ་གོ་བའི་གནད་དོན་བྱུང་ཚེ། རྟགས་བཀོད་ནས་སློབ་ཚན་གྲོལ་རྗེས་དགེ་རྒན་ལ་འདྲི་བའམ་ཡང་ན་སློབ་གྲོགས་གཞན་དག་ལ་འདྲི་དགོས། གལ་སྲིད་དགེ་རྒན་གྱིས་དྲི་བ་བཏོན་ཚེ། སྔོན་ལ་ལག་པ་བརྐྱང་ནས་དགེ་རྒན་གྱིས་རང་གི་མིང་འབོད་མ་ཐག་ཡར་ལངས་ཏེ་ལན་འདེབས་དགོས། དྲི་བར་ལན་འདེབས་སྐབས། འཛུང་པོར་ལངས་དགོས་པ་དང་། རྣམ་འགྱུར་ལེགས་ལ། བློ་ཁོག་ཆེ་བ། སྐད་སྒྲ་གསལ་བ་བཅས་དགོས། གཞན་

གྱིས་གཏམ་བཤད་བྱེད་སྐབས་ནན་ཏན་གྱིས་ཉན་དགོས་པ་ལས། སྐད་ཆ་ཤབ་ཤུབ་ཤོད་པ་དང་། གཞན་གྱི་གཏམ་བཤད་ཤོད་མཚམས་གཅོད་མི་རུང་། གལ་ཏེ་ཁ་གསབ་བྱ་དགོས་པ་ཡོད་ཚེ། ལག་པ་བརྐྱང་ནས་བརྡ་གཏོང་དགོས་པ་དང་དགེ་རྒན་གྱིས་མོས་མཐུན་ཐོབ་རྗེས་ཡར་ལངས་ནས་ལན་འདེབས་དགོས།

༥ སློབ་ཚན་གྲོལ་བ།

སློབ་ཚན་གྲོལ་བའི་དྲིལ་བརྡ་ཐོས་སྐབས། དགེ་རྒན་གྱིས་སློབ་ཚན་གྲོལ་བའི་ཁྱབ་བསྒྲགས་མ་བྱས་གོང་། སློབ་མ་རྣམས་ཀྱིས་ཡིབ་འཚུབ་དང་སློབ་དེབ་བསྡུ་གསོག་རྒྱག་པའམ་ཡང་ན་སྐད་ཅོར་རྒྱག་པ་སོགས་བྱེད་མི་རུང་། དེ་ནི་དགེ་རྒན་ལ་བརྩི་བཀུར་ཞུས་པ་ཡིན། སློབ་མ་རྣམས་ཀྱིས་ཁ་སེམ་དང་སློབ་ཚན་ལ་ཉན་དགོས་ཤིང་། དགེ་རྒན་གྱིས་སློབ་ཚན་གྲོལ་ཞེས་གསུངས་རྗེས། སློབ་མ་ཡོངས་ཡར་ལངས་ནས། རྒན་ལགས་སྐུ་ལས་ཁག་སོང་། རྗེས་སུ་མཇལ་ཡོང་ཞེས་འབོད་དགོས། དེ་རྗེས་དགེ་རྒན་སློབ་ཁང་ནས་ཁ་བྲལ་རྗེས། སློབ་མ་རྣམས་གཞི་ནས་འགྲོ་ཆོག།

སློབ་གསེང་གི་ཉེན་ཡོད་གནད་དོན་ལ་སྔོན་འགོག་ཇི་ལྟར་བྱེད་དགོས།

༡ འཚང་ཁ་རྒྱག་མི་རུང་།

སློབ་ཁང་གི་སྒོ་འགྲམ་དང་། སྐས་འཛེག་གི་འགྲམ། བར་ཁྱམས་སོགས་སློབ་མ་མང་པོ་འདུ་སྡོ་བའི་ས་ཆར་གུས་ལུགས་དང་སྒྲིག་ལམ་ལ་བརྩི་སྲུང་ཞུ་དགོས་པ་ལས་འདེད་རེས་དང་འཐུད་རྒྱག་གཏོང་བ་སོགས་བྱེད་མི་རུང་།

༢ རྗེས་འདེད་དང་འཛིང་རེས་བྱེད་མི་རུང་།

སློབ་ཁང་གི་ནང་དང་། སློབ་ཁྲིད་ཐོག་ཁང་། སློབ་ར་སོགས་གང་དུ་ཡིན་རུང་རྗེས་འདེད་དང་འཛིང་རེས་སོགས་བྱེད་མི་རུང་། ལྷག་པར་དུ་ལག་ཏུ་མྱུགས་མ་དང་རས་ཕྱུགས་སོགས་

འཁྱེར་ཡོད་པའི་སྐབས་རང་ཉིད་དམ་སློབ་གྲོགས་གཞན་དག་ལ་རྣམ་སྐྱོན་མི་ཐོག་པ་བྱེད་དགོས།

༣ བདེ་འཇགས་ལྡན་པའི་བྱེད་སྒོའི་ནང་ཞུགས་པ།

སློབ་གྲྭ་སྤེལ་བའི་སློབ་གསེང་བྱེད་སྒོའི་ནང་ཞུགས་ཆོག་སྟེ། དཔེར་ན་བྱ་སྒྲོའི་སྤོ་ལོ་རྒྱག་པ་དང་། ཕིང་ཕང་སྤོ་ལོ་རྒྱག་པ། ཐག་མཆོང་རྒྱག་པ། མིག་མདངས་རྩེ་བ་སོགས་ཀྱི་བྱེད་སྒོའི་ནང་ཞུགས་ཆོག།

སློབ་མས་དགེ་རྒན་དང་ཇི་ལྟར་གཤིབ་དགོས།

༡ དགེ་རྒན་ལ་བརྩི་བཀུར་དང་དགེ་རྒན་གྱི་ངལ་རྩོལ་ལ་བརྩི་འཇོག་བྱེད་དགོས།

དགེ་རྒན་གྱིས་སློབ་ཁྲིད་བྱེད་པའི་བརྒྱུད་རིམ་ཁྲོད་དུ། དྲིན་ལན་འཇལ་བ་སོགས་ཐོབ་བྱ་ལ་མི་རེ་བར། ཤེས་བྱ་ཡོད་རྒུ་བུམ་པ་གང་བྱོའི་ཚུལ་དུ་སློབ་མར་བརྒྱུད་སྤྲོད་བྱེད་ཀྱི་ཡོད། གལ་ཏེ་ཐོབ་བྱ་ཞིག་ལ་རེ་ནའང་དེ་ནི་སློབ་མ་ཚོ་ཤེས་ལྡན་མི་སྣར་འགྱུར་རྒྱུ་དང་། ཤེས་ཡོན་གྱི་ཡང་རྩེར་སོན་ཐུབ་རྒྱུར་རེ་བ་དེ་ཡིན། སློབ་མས་དགེ་རྒན་ལ་བརྩི་བཀུར་དང་། དགེ་རྒན་མཐོང་ཚེ་རང་འགུལ་གྱིས་འཚམ་འདྲི་ཞུ་བ། སློབ་ཁྲིད་ལ་ནན་ཏན་གྱིས་ཉན་པ་དང་། ནན་ཏན་གྱིས་ཟིན་བྲིས་འགོད་པ། སློབ་ཁྲིད་ཀྱི་སྒྲིག་ལམ་ལ་བརྩི་སྲུང་དང་། དགེ་རྒན་གྱིས་བཀོད་སྒྲིག་བྱས་པའི་སྦྱོང་ཚན་དུས་ཐོག་ཏུ་བསྒྲུབ་ཐུབ་པ་སོགས་བྱེད་དགོས། དགེ་རྒན་ལ་བརྩི་བཀུར་དང་དགེ་རྒན་གྱི་ངལ་རྩོལ་ལ་བརྩི་འཇོག་བྱ་རྒྱུ་ནི་སློབ་མ་ཡོངས་ཀྱི་ཆེས་གཞི་རྩར་གྱུར་པའི་གུས་ལུགས་ཤིག་ཡིན།

༢ སློབ་སྦྱོང་ལ་སྒྲུང་བརྩོན་ཆེ་ཞིང་། ཁེངས་སྐྱུང་དང་བཀའ་འདྲི་ཞུ་དགོས།

སྔར་གྱི་སློབ་གནས་དང་ཉམས་མྱོང་། ལོ་ཚོད་སོགས་གང་གི་ཐོག་ནས་བཤད་ཀྱང་། དགེ་རྒན་སློབ་མ་ལས་ལྷག་པ་ནི་སྨོས་མེད་ཡིན་པས། སློབ་མས་དགེ་རྒན་ལ་ཁེངས་སྐྱུང་དང་

བཀའ་སློབ་ཞུ་དགོས། སློབ་སྦྱོང་ལ་བརྩོན་པ་ཆེར་སྐྱེད་ཀྱིས་གནད་དོན་ཐད་བཀའ་འདྲི་མང་ཙམ་ཞུས་ཚེ་ཁྱོད་ཀྱི་སློབ་སྦྱོང་གི་ཐོག་ལ་ཕན་པ་ཡོད་པ་མ་ཟད། ཁྱོད་དང་དགེ་རྒན་དབར་གྱི་འབྲེལ་ལམ་ཡང་ཇེ་ཟབ་ཏུ་གཏོང་ཐུབ་ལ། སློབ་མ་དང་དགེ་རྒན་དབར་གྱི་བར་ཐག་ཀྱང་ཇེ་ཉེར་གཏོང་ཐུབ།

༣ དགེ་རྒན་གྱི་ནོར་འཁྲུལ་ལ་སློབ་མས་ཡང་དག་པའི་རྣམ་འགྱུར་དང་བློར་འཐད་པའི་ཚིག་སྐད་ཀྱིས་བསམ་འཆར་འདོན་དགོས།

སེམས་ཁམས་རིག་པ་བས་ར་སྤྲོད་བྱས་པ་ལྟར་ན། མི་རྣམས་ཀྱིས་སྐྱོན་ཆ་མེད་པའི་མི་ལ་གུས་ཞབས་འདོན་པ་ཙམ་ལས་དེའི་འཁྲིས་སུ་བཅར་གྱི་མེད་ཅེས་གསུངས། དོན་དངོས་ཐོག་འཛམ་གླིང་འདིའི་སྟེང་སྐྱོན་དང་བྲལ་བའི་མི་མེད། དེའི་ཕྱིར་དགེ་རྒན་གྱིས་སློབ་ཁྲིད་བྱེད་པའི་བརྒྱུད་རིམ་ཁྲོད་དུ་ལྟ་ཚུལ་ཡང་དག་མིན་པའམ་ཡང་ན་སློབ་མར་ཁྲིད་ནོར་ཤོར་བའི་གནས་ཚུལ་བྱུང་ཚེ། སློབ་མས་ལམ་སེང་དགེ་རྒན་གྱི་ལྟ་ཚུལ་མི་འགྲིག་པ་འདོན་མི་རུང་བར། འོས་འཚམ་གྱི་གོ་སྐབས་ཤིག་བཙལ་ནས་དགེ་རྒན་དང་ལྟ་ཚུལ་ཡང་དག་ཡིན་མིན་གྲོས་བསྡུར་བྱེད་དགོས། གང་ལགས་ཤེ་ན། དགེ་རྒན་ནི་རྒན་རབས་ཡིན་པས་ང་ཚོས་བརྩི་འཇོག་དང་གུས་བཀུར་བྱ་རྒྱུ་ནི་ཨ་ཙང་བརྗོད་མེད་ཡིན་ལ་དེ་བས་དགེ་རྒན་གྱི་ངོ་སོ་སྲུང་དགོས།

༤ ནོར་འཁྲུལ་ཡོ་བསྲང་ཐུབ་ན་དགེ་བ་དཔག་ཏུ་མེད།

སློབ་གྲོགས་ལ་ལས་རང་ཉིད་ཀྱིས་ནོར་ཡོད་པ་ཤེས་ནའང་། དགེ་རྒན་གྱིས་སྐྱོན་བརྗོད་བྱེད་སྐབས་ཁས་ལེན་གཏན་ནས་མི་བྱེད་པ་དང་། ཕྱིག་ཏུ་དགེ་རྒན་དང་རྩོད་པ་རྒྱག་གི་ཡོད། སློབ་གྲོགས་ལ་ལར་མཚོན་ན་དགེ་རྒན་གྱིས་སྐྱོན་བརྗོད་བྱས་རྗེས། དགེ་རྒན་གྱིས་རང་གི་ནོར་འཁྲུལ་དེ་ནམ་ཡང་ཡིད་ལ་བཟུང་ནས། རང་ཉིད་ལ་ལྟ་སྟངས་མི་འདྲ་བ་ཡོང་བར་དོགས་ཏེ་ཞེད་སྣང་གྱིན་ཡོད། སེམས་ཁྲལ་འདི་དག་དགོས་མེད་ཀྱི་སེམས་ཁྲལ་ཞིག་རེད། ནོར་འཁྲུལ་ཤེས་ན་ཡོ་བསྲང་དང་། བློ་སྟོབས་ཆེན་པོས་དགེ་རྒན་ལ་ནོར་འཁྲུལ་ངོས་ལེན་ཞུས་ཚེ། དགེ་རྒན་གྱི་སེམས་སུ་ཚང་མ་སློབ་མ་བཟང་པོ་དང་ཚང་མ་གཅིག་པ་ཡིན། དགེ་རྒན་དང་གཞིབ་

ཤེས་བྱས་ཚེ་ང་ཚོའི་སློབ་སྦྱོང་ཐད་ཡར་རྒྱས་ཡོང་རྒྱུར་ཕན་པ་ཡོད་པ་མ་ཟད། དགེ་རྒན་གྱིས་མི་ཡག་པོ་ཞིག་བྱེད་པའི་གནས་ལུགས་དེ་བས་མང་བ་བསླབས་ནས་ང་ཚོར་ཚེ་གང་རིང་ཕན་པ་ཐོབ་སྲིད།

༥ དགེ་རྒན་ལ་སེམས་ཁུར་དང་གཅེས་སྐྱོང་བྱེད་དགོས།

དགེ་རྒན་ནི་ཡང་ལྷ་ཞིག་དང་འདྲ་བར་རང་ཉིད་མེར་བསྲེགས་ནས་གཞན་ལ་འོད་སྣང་སྦྱིན་མཁན་ཞིག་ཡིན་པས། སློབ་མ་ཚང་མས་དགེ་རྒན་གྱི་ལས་ཀར་གཞོགས་འདེགས་དང་རོགས་རམ་ཧུར་ཐག་བྱས་ནས། དགེ་རྒན་ལ་སེམས་ཁུར་དང་རོགས་རམ་མང་ཙམ་ཐུབ་པ་དགོས། དཔེར་ན། དགེ་རྒན་ཞབས་བཀྲུག་ཐོག་བཞུགས་ནས་སློབ་ཁྲིད་བྱེད་དུ་འཇུག་པ་དང་། དགེ་རྒན་གྱི་སློབ་དེབ་ཁུར་བ་སོགས་ནུས་པས་ལྕོགས་ཚོད་ཀྱིས་ཕྱག་རོགས་ཞུ་དགོས།

སློབ་གྲོགས་དབར་གྱི་འགལ་བར་ཡང་དག་པའི་ཐག་གཅོད་ཇི་ལྟར་བྱ་དགོས་སམ། ✧

༡ བཟོད་སྒོམ་བྱེད་ཤེས་པ་དགོས།

སློབ་གྲོགས་དང་འགྲོགས་པའི་བརྒྱུད་རིམ་ཁྲོད་དུ་འགལ་བ་ནི་གཡོལ་ཐབས་མེད་པ་ཞིག་རེད། འོ་ན་འགལ་བ་ཐག་གཅོད་ཇི་ལྟར་བྱེད་དགོས་སམ་ཞེ་ན། ང་ཚོས་སྤྲོ་སྣང་སྣང་བྱེད་མི་ཉན་པར་སྡོན་ལ་སེམས་རྣལ་དུ་ཕབ་དགོས་ལ། མི་སྡོད་སར་རང་བཞག་ནས་བསམ་བློ་གཏོང་བ་དང་། གུ་ཡངས་ཀྱི་རྣམ་འགྱུར་ཐོག་ནས་ཕ་རོལ་པོར་བསམ་ཤེས་བྱེད་དགོས།

༢ དགེ་རྒན་གྱི་རོགས་རམ་འཚོལ་བ།

ང་ཚོར་ཐག་གཅོད་མི་ཐུབ་པའི་འགལ་ཟླ་འཕྲད་སྐབས་རང་འགུལ་ངང་དགེ་རྒན་བཙལ་ནས་དགེ་རྒན་གྱི་འདུམ་འགྲིག་འོག་གནད་དོན་ཐག་གཅོད་བྱེད་དགོས། དེ་ལྟར་བྱས་ཚེ་འགལ་བ་ཐག་གཅོད་བྱེད་ཐུབ་པ་དང་ཆབས་ཅིག་དགེ་སློབ་དབར་གྱི་བརྩེ་དུང་ཡང་ཟབ་ཏུ་གཏོང་ཐུབ།

༣ ཁྱིམ་བདག་གི་རོགས་རམ་འཚོལ་བ།

འགལ་བ་འབྱུང་སྐབས་གལ་སྲིད་རང་ཉིད་ཀྱིས་ཐག་གཅོད་ཡག་པོ་བྱེད་མ་ཐུབ་ཚེ་འགལ་ཟླ་སྤྱར་བས་ཆེ་རུ་འགྲོ་ཉེན་ཡོད་པས། ཐག་གཅོད་དཀའ་བའི་གནད་དོན་འཕྲད་ན། ང་ཚོས་རང་ཉིད་ཀྱི་བསམ་ཚུལ་ཁྱིམ་བདག་ལ་བཤད་ནས་ཁྱིམ་བདག་ལ་ཐག་གཅོད་བྱེད་རོགས་བྱེད་དུ་འཇུག་དགོས།

ལེའུ་བཞི་པ།

ཁྱིམ་ཚང་འཚོ་བར་གྱུས་ལུགས་ལྡན་སྒྱུར་ན།
བརྩེ་བ་ལྡན་པའི་ཁྱིམ་ཞིག་ངང་གིས་ཡོང་།

ཁྱིམ་ནི་བདེ་སྐྱིད་ཀྱི་འབྱུང་ཁུངས་སྟེ། ཁྱོད་ངལ་ཞིང་དུབ་པའི་སྐབས་སེམས་གསོ་བྱེད་ཀྱི་སྨན་མཆོག་ཅིག་དང་། དཀའ་ཁག་འཕྲད་སྐབས་གནས་སྐབས་ངལ་གསོ་སའི་ལྷགས་གཡོལ་མཚོ་ཁུག་ཅིག །ཁྱོད་ཞུམ་མེད་དང་མདུན་སྐྱོད་བྱེད་སྐབས་སྲུང་སྐྱོབ་བྱེད་མཁན་གྱི་ཕུབ་ལྷུ་བུ་བཅས་ཡིན། ཁྱིམ་ནི་ང་ཚོའི་སེམས་ཁམས་གསོ་མཁན་ཞིག་ཡིན་ལ། ང་ཚོའི་ཆེས་ནུས་ལྡན་གྱི་རྒྱབ་རྟེན་ཞིག་ཀྱང་ཡིན། མ་གཞི་ཁྱིམ་དུ་འཚེར་སྣང་ཅི་ཡང་མེད་པར་བསྡད་ཆོག་ཀྱང་གཞི་རྩའི་གུས་ལུགས་དག་ལ་བརྩི་སྲུང་ཞུ་དགོས།

ཁྱིམ་ཚང་གི་གཞི་རྩའི་གུས་སྲོལ།

༡ རང་འགུལ་གྱིས་འཚམ་འདྲི་ཞུ་བ།

གལ་ཏེ་ཁྱིམ་དུ་འགུལ་སྐྱོད་མི་བདེ་བའི་རྒན་རབས་ཡོད་ཚེ། ང་ཚོས་དུས་ལྟར་རྒན་རབས་ལ་འཚམ་འདྲི་ཞུ་དགོས་པ་དང་། འཚོ་བའི་ཐད་ཀྱི་སྣྲིང་མོལ་ལ་རོལ་ནས་ཡི་མུག་སེལ་ཐབས་བྱེད་དགོས། འོན་ཀྱང་སྐད་ཆ་ཤོད་སྐབས་སྐད་ཆེན་པོ་རྒྱག་མི་རུང་བས། རང་ནུས་ཅི་

ལྡོག་ས་ཀྱི་བྱ་བ་བསྒྲུབས་ནས་རོགས་པ་བྱེད་དགོས།

༢ སེམས་ཁྲལ་མི་ལང་བའི་ཆེད་ཕྱིར་འགྲོ་སྐབས་ཁྱིམ་མིར་ཤོད་དགོས།

ཁྱིམ་ལ་ལོག་སླེབས་སྐབས་ང་ལོག་སླེབས་ཡོད་ཅེས་བཤད་དགོས་ལ། བྱིས་པ་ཞིག་ཡིན་པའི་ངོས་ནས་ཕྱིར་འགྲོ་སྐབས་རང་འགྲུལ་དང་རྒན་རབས་ལ་ཞལ་གྱིས་ཞུ་དགོས།

༣ གུས་ཞབས་ལྡན་དགོས།

མི་གཞན་གྱི་ཁང་པའི་ནང་མ་འཛུལ་གོང་སྒོ་ག་ལེར་རྡུང་དགོས་ཤིང་། ཡར་ཕེབས་ཞེས་པའི་སྐད་ཐོས་རྗེས་གཞི་ནས་ཡར་འཛུལ་དགོས་པ་ལས། བྲེལ་བ་ཚ་དྲགས་མི་རུང་ལ་དེ་བས་གུས་ཞབས་མེད་པ་བྱེད་མི་རུང་།

༤ ཕ་མ་དང་མི་རབས་གཅིག་པར་སེམས་ཁུར་བྱེད་དགོས།

ཕ་མ་དང་རྒན་རབས་མཉམ་དུ་འགྲོག་སྐབས་ཞི་འཇམ་ཞིང་དང་རྒྱུད་རིང་པོ་བྱེད་དགོས། ཁྱིམ་ཚང་གི་གྲུབ་ཆ་ཞིག་ཡིན་པའི་ངོས་ནས་ང་ཚོས་རང་འགྲུལ་དང་ནུས་པས་ལྡོག་ས་

ཚོད་ཀྱི་བྱ་བ་དག་བསྒྲུབ་དགོས། མི་ཐོག་གཅིག་པ་དང་འགྲོག་སྐབས་ཕན་ཚུན་བརྩི་འཇོག་དང་། གུས་ཞབས། སེམས་ཁུར། ལྷ་རྟོག་བཅས་བྱེད་དགོས།

རྒན་རྒོན་ལ་གུས་བཀུར་ཇི་ལྟར་བྱེད་དགོས།

༡ ཞེ་ས་བྱེད་དགོས་པ།

སློབ་གྲྭ་འབྲིང་ཆུང་གི་སློབ་མས་རྒན་རྒོན་མཐོང་ཚེ་དེར་སྤྱི་བོ་ལགས་དང་རྩ་བོ་ལགས་ཞེས་འབོད་དགོས་པ་མ་ཟད། རང་འགྲུལ་དང་འཚམ་འདྲི་ཡང་ཞུ་དགོས་པ་དཔེར་ན། སྤྱི་བོ་ལིའི་ལགས། ཞོགས་པ་བདེ་ལེགས། རྩ་བོ་ཀྲང་ལགས། སྐུ་ཁམས་གསལ་ཐང་ཡིན་ནམ། ཞེས་པ་ལྟ་བུའོ། །དེང་སང་ན་གཞོན་མང་པོ་ཞིག་གིས་རྒན་རྒོན་ལ་བརྩི་འཇོག་མི་བྱེད་པ་དང་། སྐབས་འགར་ཐད་ཀར་རྒན་པོ་དང་རྒན་མོ་ཞེས་འབོད་ཀྱི་ཡོད། དེ་ནི་རྒན་རྒོན་ལ་གུས་ཞབས་མེད་པའི་མཚོན་ཚུལ་ཞིག་རེད།

༢ ཁ་ཞེ་གཉིས་མེད་ཀྱིས་རྒན་རྒོན་ལ་བརྩི་བཀུར་ཞུ་དགོས།

དཔེར་ན། སྤྱི་སྤྱོད་རླངས་འཁོར་དང་ས་འོག་ལྕགས་ལམ་འདུག་སྐབས་རང་འགྲུལ་དང་

ཀུབ་བཀུག་ཐོག་ཀན་ཀོན་དག་སྟོད་དུ་འཇུག་དགོས་པ་དང་། ཐྲངས་འཁོར་ནང་འཛུལ་བའམ་ཡང་ན་ཐྲངས་འཁོར་ནས་བབས་སྐབས་ཀན་ཀོན་སྔོན་ལ་གཏོང་བ། གཞུང་ལམ་སྒྲོལ་སྐབས་རང་འགུལ་དང་ཀན་ཀོན་སྐྱོར་བའམ་ཀན་ཀོན་གྱི་ཅ་ལག་འཁུར་རོགས་བྱེད་དགོས།

༣ ཁིངས་སྐྱུང་དང་ཀན་ཀོན་ལ་སློབ་སྦྱོང་བྱེད་དགོས།

ཀན་ཀོན་གྱིས་བརྒྱུད་མྱོང་བའི་བྱ་བ་དང་ཐོབ་པའི་ཉམས་མྱོང་ནི་ང་ཚོ་ལས་མང་ཞིང་། བྱ་བ་སྒྲུབ་པའི་ཐབས་ཤེས་དེ་བས་འོས་ཤིང་འཚམ་པ་ཡོད་པས། ཁོང་རྣ་པའི་ཕུན་སུམ་ཚོགས་པའི་མི་ཚེའི་ཉམས་མྱོང་དང་འཚོ་བའི་གནས་ལུགས་ནི་ང་ཚོས་ཤེས་རྟོགས་དང་སློབ་སྦྱོང་བྱེད་རིན་ཡོད་པ་ཞིག་རེད།

ཕ་མར་བརྩེ་འཛོག་ཇི་ལྟར་བྱ་དགོས་སམ།

ཕ་མས་ང་ཚོ་འཇིག་རྟེན་འདིར་ཁྲིད་ཡོང་བས། ང་ཚོར་འཇིག་རྟེན་འདིའི་ངོ་མཚར་མཐོང་བའི་གོ་སྐབས་བྱུང་ལ། བྱ་དངོས་གསར་པར་རྒྱུས་ལོན་དང་། འཇིག་རྟེན་འདིའི་མཛེས་སྡུག་ལ་ལོངས་སྤྱོད་ཐུབ་པ་བཅས་བྱུང་ཡོད། ཕ་མར་གུས་བཀུར་ཞུ་བ་ནི་སློབ་གྲྭ་འབྲིང་ཆུང་གི་སློབ་མ་ཞིག་གི་ཆེས་གཞི་རྩར་གྱུར་པའི་ཀུན་སྤྱོད་ཅིག་ཡིན། ཕ་མས་ང་ཚོར་ཚེ་སྲོག་སྦྱིན་པ་མ་ཟད། ད་དུང་ལྷོད་མེད་པ་དང་སྐྱེར་སེམས་མེད་པའི་བརྩེ་བས་བསྐྱངས་ནས་ང་ཚོ་ནར་སོན་པར་བྱས་ཡོད། འདི་ལྟ་བུའི་བཀའ་དྲིན་ནི་སྒྲོན་མེ་ཞིག་དང་འདྲ་བར་ང་ཚོའི་མདུན་སྐྱོད་ཀྱི་ལམ་བུར་འོད་སྣང་སྦྱིན་ཡོད་པས། ང་ཚོ་ལམ་འདིར་ཁེར་རྐྱང་མིན་ལ་སྐྲག་སྣང་ཡང་སྐྱེ་དགོས་མ་བྱུང་།

ཕ་མར་བརྩེ་བཀུར་ཞུ་རྒྱུ་དེ་བྱ་བ་ཆུང་ཙག་ནས་འགོ་རྩོམ་དགོས་ཏེ། ཕ་མར་གུས་ཞབས་ཡོད་པ་དང་། ཕྱིར་འགྲོ་སྐབས་དང་། ལོག་ཡོང་སྐབས་ཕ་མར་འཚམ་འདྲི་ཞུས་ནས་སེམས་ཁྲལ་བྱེད་དུ་མི་འཇུག་པ། ད་དུང་ཕ་མའི་རོགས་རམ་འཐོབ་སྐབས་བཀའ་དྲིན་ཆེ་ཞེས་བཤད་དགོས་ལ། ནོར་འཁྲུལ་བྱུང་ཚེ་རང་འགུལ་དང་ངོས་ལེན་ཞུ་དགོས་པ་མ་ཟད། དགོངས་དག་

ཀྱང་ཞུ་དགོས། ཕ་མ་དང་རྩོད་པ་བྱུང་ཚེ། སེམས་རྣལ་ལ་ཕབ་ནས་སྔོན་ལ་ཕ་མར་དགོངས་དག་ཞུ་དགོས། གལ་ཏེ་ཕ་མར་རང་ཉིད་ཀྱི་ལས་ཀ་ཡོད་ན། བསམ་ཤེས་བྱས་ཏེ། རང་ཉིད་ཀྱིས་འཚོ་བའི་ཐད་རང་རྐྱ་འཕེར་བ་བྱས་ནས་ཕ་མ་སེམས་ཁྲལ་བྱེད་དུ་མི་འཇུག་པ་དང་། ཕ་མས་རང་ཉིད་ལ་སྐྱོན་བརྗོད་དང་སློབ་གསོ་གཏོང་སྐབས། སུན་སྣང་གཏན་ནས་བྱེད་མི་རུང་།

གཉེན་ཉེར་འཚམ་འདྲི་ཞུ་བའི་གཞི་རྩའི་གུས་སྲོལ།

༡ སྔོན་ལ་ཁ་ཆད་བྱེད་དགོས་པ།

གལ་ཏེ་སྤྱིན་བདག་གིས་གདན་ཞུ་བྱས་མེད་ན། སྔོན་ལ་འཚམ་འདྲི་ཞུ་ཡུལ་ལ་འབྲེལ་གཏུག་བྱས་ནས་འཚམ་འདྲི་ཞུ་བའི་དུས་ཚོད་འཚམ་མིན་འདྲི་དགོས།

༢ འཚམ་འདྲི་མ་ཞུས་གོང་དུས་ཚོད་གཏན་འཁེལ་བྱེད་དགོས་པ།

འཚམ་འདྲི་བ་རྒྱུར་མོས་མཐུན་ཐོབ་རྗེས་ཞིབ་ཕྲའི་དུས་ཚོད་བཀའ་འདྲི་ཞུས་ནས་སྤྱིན་བདག་ཁ་ལག་ཟ་བ་དང་ངལ་གསོ་རྒྱག་པའི་དུས་ཚོད་ལས་གཡོལ་གང་ཐུབ་བྱེད་དགོས།

༣ འཚམ་འདྲིའི་ནང་དོན་ཁག་གཅིག་ཤེས་སུ་བཅུག་ནས་འཚམ་འདྲི་ཞུ་ཡུལ་ལ་གྲ་སྒྲིག་ཡོད་པ་བྱེད་དགོས།

འཚམ་འདྲི་ཞུ་དོན་ནི་གུས་ཞབས་མཚོན་བྱེད་དང་། དོན་དག་ཐད་ནས་རེ་ཞུ་བྱེད་པ་བཅས་གང་ཡང་ཡིན་སྲིད། འཚམ་འདྲི་ཞུ་མཁན་མང་པོ་ཞིག་གིས་སྔོན་ལ་འཚམ་འདྲི་ཞུ་དོན་གང་ཡིན་མིན་གསལ་བཤད་བྱས་མེད་པས། སློ་བུར་དུ་དོན་དག་ཡོད་ཟེར་ཏེ་སྐབས་འཇུག་ཞུས་ཚེ། དེས་འཚམ་འདྲི་ཞུ་ཡུལ་ཉིད་ཅི་བྱ་གཏོལ་མེད་དུ་འགྱུར་སྲིད། གནས་ཚུལ་དེ་འདྲའི་འོག་ཐད་ཀར་ཁས་མི་ལེན་པ་བྱེད་དཀའ་བས། ཟ་ཟེར་དང་ཁས་ལེན་དགོས་བྱུང་བ་དང་མཐའ་མར་དོན་དག་རྒྱུན་མཐུད་མ་ཐུབ་པ་སོགས་བྱུང་སྲིད་པས། འཚམ་འདྲི་ཞུ་ཡུལ་གྱིས་ང་ཚོར་བཞག་པའི་བག་ཆགས་ཀྱང་ཡག་པོ་འཇོག་མི་སྲིད།

༣ དུས་ཚད་ལྟར་རམ་ཡང་ན་སྐར་མ་འགའི་སྔོན་ལ་སླེབས་པ་བྱེད་དགོས།

ང་ཚོ་འཚམ་འདྲི་ཞུ་མཁན་ཞིག་ཡིན་པའི་ངོས་ནས་ཁ་ཆད་བྱས་པའི་དུས་ཚོད་ལྟར་སླེབས་པ་བྱེད་དགོས། གལ་སྲིད་སྔ་དྲགས་ན་འཚམ་འདྲི་དང་ལེན་གནང་མཁན་ཚོ་གྲ་སྒྲིག་ཡག་པོ་མ་བྱུང་བའི་རྐྱེན་གྱིས་ཅི་བྱ་གཏོལ་མེད་དུ་གྱུར་གྱི་ཡོད་པས་སྔ་དྲགས་མི་རུང་ལ། དེ་བས་རྗེས་སུ་ལུས་ཏེ་འཚམ་འདྲི་ཞུ་ཡུལ་གང་ཉིད་སྐུག་གནང་དགོས་འཁེལ་ཚེ་གུས་ཞབས་མེད་པར་འགྱོ་ཉེན་ཆེ་བས་རྗེས་སུ་ཡང་ལུས་མི་རུང་།

༤ གང་འདོད་དུ་འགྲོ་བ་དང་དངོས་པོར་ཨ་སློག་རྒྱག་པ་སོགས་བྱེད་མི་རུང་།

འཚམ་འདྲི་ཞུ་ཡུལ་གྱི་ཁྱིམ་དུ་སླེབས་རྗེས་ཐོག་མར་ལྷམ་བརྗེ་དགོས་མིན་སྐད་ཆ་འདྲི་དགོས་པ་དང་། ཁང་པའི་ནང་དུ་འཛུལ་རྗེས་སྤྱིན་བདག་གི་སྣེ་ཁྲིད་མེད་པར་གང་བྱུང་དུ་འགྲོ་མི་རུང་ལ། མི་གཞན་གྱི་ཅ་དངོས་ལ་ཨ་སློག་རྒྱག་པ་སོགས་མི་བྱེད་པར་འཚམ་འདྲི་ཞུ་ཡུལ་ལ་དཀའ་ཁག་མི་ཡོང་བ་བྱེད་དགོས།

༥ བཅར་འདྲི་དང་ལེན་བྱེད་མཁན་གྱི་ཁྲིམ་མིར་འཚམ་འདྲི་ཞུ་དགོས།

ང་ཚོ་འཚམ་འདྲིར་སྐྱོད་སྐབས་གུས་ཞབས་མཚོན་བྱེད་དུ་བཅར་འདྲི་དང་ལེན་བྱེད་མཁན་ལ་གླེང་མོལ་བྱེད་པ་མ་ཟད་གང་དེའི་ཁྲིམ་མིར་ཡང་འཚམ་འདྲི་ཞུ་དགོས། གལ་ཏེ་འཚམ་འདྲི་ཞུ་མཁན་གཞན་པ་དང་འཕྲད་ན། ང་ཚོས་སྔོན་ལ་དགོངས་པ་ཞུ་དགོས་པ་དང་། འཚམ་འདྲི་ཞུ་བའི་དུས་ཚོད་ནར་འགྱངས་བྱེད་དགོས།

གུས་ལན་སློག་རེས་བྱེད་སྐབས་བརྩི་སྲུང་བྱེད་པའི་རྩ་དོན། ✧

༡ ཕན་ཚུན་རང་བཞིན་གྱི་རྩ་དོན།

སེམས་ཁམས་རིག་པ་བས་མིའི་དབར་གྱི་འབྲེལ་འདྲིས་ལ་ཞིབ་འཇུག་བྱས་པ་ལྟར་ན། མི་དང་མིའི་དབར་གྱི་འབྲེལ་བ་ལེགས་པོ་འཛུགས་ཐུབ་པའི་རྨང་གཞི་ནི་ཕན་ཚུན་བརྩི་འཇོག་

དང་ཕན་ཚུན་རྒྱབ་སྐྱོར་བྱེད་པ་དེ་ཡིན་པར་གསུངས་ཤིང་། མི་སུ་དང་སུ་ཡིན་ཡང་ཀུས་ཞབས་ཡོད་པ་དང་རང་ཉིད་ལ་དགའ་བའི་མི་དང་མཉམ་གཤིབ་བྱེད་འདོད་ཡོད།

༢ འདུ་མཉམ་གྱི་རྩ་དོན།

ང་ཚོ་སྤྱི་ཚོགས་ཀྱི་ཚོགས་པ་ཆེན་པོ་འདིའི་ནང་འཚོ་བ་སྐྱེལ་བཞིན་ཡོད་པས། སྐབས་འགར་རྒྱུ་ངོ་ལ་ལྟ་མཁན་དང་མི་གཞན་ལ་བརྩི་འཇོག་མི་བྱེད་མཁན་དང་འཕྲད་སྲིད། དེས་ན་མི་དེ་རིགས་དང་འབྲེལ་བ་བྱེད་འདོད་མཁན་ནི་ཉུང་ཉུང་རེད། འདི་ནི་མི་ལ་འདུ་མཉམ་གྱི་ལྟ་སྟངས་འཛིན་ན་གཞན་ལ་བདེ་འཇགས་དང་བརྩི་འཇོག་ཐོབ་པའི་ཚོར་བ་སྟེར་གྱི་ཡོད་པས་ཡིན། དེར་བརྟེན། འདུ་མཉམ་གྱི་ལྟ་སྟངས་བཟུང་ན་མི་དང་མིའི་དབར་གྱི་འབྲེལ་བ་བཟང་པོ་འཛུགས་པར་ཕན་ཐོགས་ཆེན་པོ་ཡོད།

༣ བརྗེ་རེས་རང་བཞིན་གྱི་རྩ་དོན།

མི་དང་མིའི་དབར་གྱི་འབྲེལ་བ་ནི་ཕན་ཚུན་བརྗེ་རེས་བྱེད་པའི་བརྒྱུད་རིམ་ཞིག་ཡིན་ཞིང་། དེས་རང་ཉིད་ཀྱི་དགོས་མཁོ་སྐོང་གི་ཡོད་དེ། དཔེར་ན། མི་གཞན་གྱིས་ཁས་ལེན་ཐོབ་པ་དང་། མཐོང་ཆེན་བྱེད་པ། བསམ་ཤེས་ཐུབ་པ། བརྩི་བ་བཙངས་པ་སོགས་ཡིན། འདི་དག་ཚང་མ་ནི་ཀུས་ལན་སློག་རེས་སྐབས་བརྩི་སྲུང་ཞུ་དགོས་པའི་རྩ་དོན་ཡིན།

གསོལ་ཚིག་སྙིང་གི་ཀུས་སྲོལ།

༡ ཉན་རབས་ཀྱི་སྔོན་དུ་ཟ་མ་ཟ་མི་རུང་།

གལ་ཏེ་ཟ་མ་ཟ་བའི་སྐབས་སུ་ཉན་རབས་ཡོད་ན། ཉན་རབས་ཀྱི་སྔོན་ལ་ཟ་མ་ཟ་མི་ཉན། ཉན་རབས་ཀྱིས་ཚང་མ་མཉམ་དུ་ཟོ་ཞེས་བཤད་རྗེས་གཞི་ནས་ཟ་མ་དགོས།

༢ དཀར་ཡོལ་ལག་ཏུ་བླངས་ནས་ཟ་མ་ཟ་དགོས།

མཐེ་བོང་གིས་དཀར་ཡོལ་ཁ་ནས་བཟུང་ཞིང་། མཛུབ་མོ་དང་། གུང་མོ། སྲིན་མཛུབ་བཅས་ཀྱིས་ཐོར་པའི་ཞབས་མཐིལ་ནས་བཟུང་བ་དང་། ལག་མཐིལ་སྟོང་པ་ཡིན་དགོས། ཐོར་པ་ལག་ཏུ་མ་བླངས་པར་ཐད་ཀར་སྒྲོག་ཅེའི་ཐོག་མགོ་བསྒུར་ནས་བཟས་ཆེ། ཟ་ལུགས་ཉན་ཁར་ཐོ་བར་ཡང་གནོད་པ་ཡོད།

༣ ཚལ་ལེན་སྐབས་ཚོད་རན་པོ་དགོས།

ཚལ་ལེན་སྐབས་རང་དང་ཉེ་བའི་སྡེར་མའི་ཟུར་ནས་ལེན་དགོས་པ་ལས་སྡེར་མའི་དཀྱིལ་ནས་ལེན་པའམ་ཡང་ན་སྡེར་མའི་ནང་ལ་སློག་རྒྱག་པ་སོགས་བྱེད་མི་རུང་ལ། ཐེངས་གཅིག་ལ་ཚལ་མང་པོ་ལེན་མི་རུང་། གལ་ཏེ་རང་ཉིད་ཀྱིས་དགའ་པོ་བྱེད་པའི་ཚལ་ཡོད་ཚེ་ཧམ་ཟ་བྱེད་མི་རུང་ཞིང་། དེ་བས་ཚལ་སྡེར་བདག་གིར་བཟུང་མི་རུང་བར། ཡིན་གཅིག་

མཉམ་དུ་ཟ་མ་ཟ་མཁན་ཚོར་བསྟུན་དགོས།

༤ ཟ་མ་ཟ་ལུགས་མིག་ལ་མཛེས་པོ་དགོས།

ཉེ་སྐོར་གྱི་མི་ལ་འབུད་རྒྱག་གཏོང་མི་རུང་ལ། ཡར་ལངས་ནས་ཚལ་ལེན་མི་རུང་། ཚལ་ལེན་སྐབས་སྡེར་མའི་ནང་གི་ཚལ་སྒྲོག་ཙེའི་སྟེང་དུ་མི་ཟགས་པ་དང་། ཚལ་གྱི་ཁུ་བའི་ཐིགས་པ་སྒྲོག་ཙེའི་སྟེང་དུ་མ་ལྷུང་བ་བྱེད་དགོས། ཁའི་ཟུར་དུ་ཚལ་སོགས་འབྱར་ཡོད་ཚེ་ལྕེ་ཡིས་ལྡག་མི་ཉན་པར་གཙང་ཤོག་གིས་ཕྱིས་དགོས། ཟས་རིགས་ལྡད་དུས་སྐད་འདོན་མི་ཉན་པ་དང་། ཁ་ནང་གི་ཟ་མ་མིད་ཟིན་རྗེས་གཞི་ནས་མི་གཞན་དང་གླེང་མོལ་བྱེད་དགོས།

༥ ཟ་མ་རང་གིས་སྟོན་དགོས།

རང་གིས་རང་ལ་འབྲས་སྟོན་དགོས་པ་དང་རང་འགྲུལ་དང་རྒན་རབས་ལ་འབྲས་དང་ཚལ་སྟོན་དགོས། གལ་ཏེ་རྒན་རབས་ཀྱིས་རང་ལ་འབྲས་དང་ཚལ་སྟོན་ཚེ་ཐུགས་རྗེ་ཆེ་ཞེས་ཞུ་དགོས།

༦ བློ་རྩེ་གཅིག་ཏུ་སྒྲིམ་དགོས།

ཟ་མ་ཟ་ཞོར་དུ་བརྙན་འཕྲིན་ལ་ལྟ་བའམ་ཡང་ན་ཁ་པར་རྩེ་བ། དེ་བཞིན་དོན་དག་གཞན་པ་སྒྲུབ་པ་སོགས་བྱེད་མི་རུང་། འདི་ནི་གོམས་གཤིས་ངན་པ་ཞིག་ཡིན་ལ། མིག་ཤེད་ལའང་ཤུགས་རྐྱེན་ཐེབས་སྲིད།

༧ ཟ་མ་ཟ་སྐབས་ཁ་ཙུང་བཙུམ་ནས་ལྡད་དགོས་ལ། ཞིབ་པར་བལྡད་ནས་དལ་གྱིས་མིད་དགོས།

དེ་ནི་གསོལ་ཚིག་སྟེང་གི་གུས་ཞབས་ཙམ་མ་ཟད། ཟས་འཇུ་བར་ཡང་ཕན་པ་ཡོད། ཟ་མ་ཟ་སྐབས་ཁ་ཆེན་པོ་གདངས་མི་རུང་ལ། ཛམ་ཟ་ཛམ་འཐུང་ཡང་བྱེད་མི་རུང་།

ནད་སྐྱོར་ལ་འགྲོ་སྐབས་ཀྱི་གཞི་རྩའི་གྲུས་སྲོལ།

༡ སྨན་ཁང་གི་སྒྲིག་སྲོལ་ལ་བརྩི་སྲུང་ཞུ་དགོས།

སྨན་ཁང་གིས་ནད་པ་དང་ཐུག་འཕྲད་བྱེད་པའི་དུས་ཚོད་གཏན་འབེབས་བྱས་ཡོད་དེ། ང་ཚོ་ནད་པར་ལྟ་བར་འགྲོ་སྐབས་ཐོག་མར་སྨན་ཁང་གི་དུས་ཚོད་ཀྱི་གཏན་འབེབས་ལ་རྒྱུས་ལོན་བྱས་ཏེ། སྨན་ཁང་གི་རྒྱུན་གཏན་གྱི་ལས་ཀར་བར་ཆད་བཟོ་བ་དང་། ནད་པ་ངལ་གསོ་རྒྱག་བཞིན་པའི་སྐབས་སུན་པོ་བཟོ་བ་སོགས་བྱེད་མི་རུང་།

༢ བྱ་སྤྱོད་འོས་ཤིང་འཚམ་པ།

མི་ནི་ནད་གཞིས་བཟུང་བའི་སྐབས་ སྤྱིར་བཏང་དུ་སྤྲོ་སེམས་མེད་པ་དང་། སེམས་ཀྱི་ཚོར་སྣང་སྐྱེན་པོ་ཡོད་པས། ནད་ཁང་དུ་འཇུལ་སྐབས་ང་ཚོས་རང་གི་བྱ་སྤྱོད་ལ་དོ་སྣང་བྱས་ཏེ། ནད་པའི་སེམས་ལ་གནོན་ཤུགས་མེད་པ་བྱེད་དགོས། སྐད་ཆ་ཤོད་སྐབས་སྐད་གདངས་དུས་རྒྱུན་དང་འདྲ་པོ་ཡོད་དགོས་པ་དང་། རྐུབ་སྟེགས་ཤིག་བཙལ་ནས་མལ་ཁྲིའི་འགྲམ་དུ་བསྡད་ན། ནད་པའི་སེམས་སུ་འབྲེལ་བ་ཏ་ཙང་ཟབ་པའི་ཚོར་སྣང་ཞིག་སྟེར་ཐུབ་ལ། སེམས་ཁམས་ཀྱང་གསོ་ཐུབ་ཀྱི་ཡོད།

༣ སྙིང་སྨོལ་ཚོད་རན་པོ་བྱེད་དགོས།

ནད་པ་དང་སྐད་ཆ་ཤོད་པའི་སྐབས་སུ། ནད་པར་དོགས་པ་ཡོད་པའི་སྐད་ཆ་གཏན་ནས་ཤོད་མི་རུང་ལ། ཚོད་རན་པོས་ནད་པར་སྐུལ་མ་གཏོང་དགོས་པ་ལས་ནད་པའི་སེམས་ལ་རྒྱག་པ་དང་ཐོག་ཐུག་འགྲོ་བའི་སྐད་ཆ་དེ་བས་ཤོད་མི་རུང་།

༤ ལག་རྟགས་ཡག་སྒྲིག་བྱེད་དགོས།

ནད་པར་ལྟ་བར་འགྲོ་སྐབས་ལག་རྟགས་ཉོས་ནས་རང་ཉིད་ཀྱི་བསམ་ཚུལ་མཚོན་པར་བྱེད་དགོས་པ་སྟེ། དཔེར་ན་ཤིང་ཏོག་དང་། མེ་ཏོག །དཔེ་ཆ་ལྟ་བུའོ། །

ལེའུ་ལྔ་པ།

མི་མང་འདུ་སར་ཀུས་སྲོལ་བསྲུངས་ཏེ།
སྤྱི་ཚོགས་དེ་བས་སྒྲིག་ཁྲིམས་ལྡན་པ་
ཞིག་ཏུ་འགྱུར་བ་བྱེད་དགོས།

སྤྱི་ཚོགས་ཀྱི་གྲུབ་ཆ་ཞིག་ཡིན་པའི་ངོས་ནས་སྤྱི་ཚོགས་ཀྱི་སྒྲིག་ལམ་སྲུང་སྐྱོང་དང་སྤྱི་པའི་གུས་སྲོལ་ལ་བརྩི་སྲུང་ཞུ་རྒྱུ་ནི་ང་ཚོ་ཚང་མའི་འོས་འགན་ཡིན། སྤྱི་ཚོགས་ཀྱི་འཕྲོལ་འདྲིས་ཁྲོད་དུ། མི་མང་འདུ་སར་གུས་སྲོལ་ལ་བརྩི་སྲུང་ཞུས་ན། འཆམ་མཐུན་ལྡན་པའི་སྤྱི་ཚོགས་ཀྱི་འབྲེལ་བ་བཟང་པོ་ཞིག་འཛུགས་པར་ཕན་ཐོགས་ཡོད་ལ། མི་རྣམས་འཚོ་བའི་སྤྱི་ཚོགས་ཀྱི་སྒྲིག་ལམ་དེ་སྔར་བས་ལེགས་པ་ཡོང་རྒྱུར་ཡང་ཕན་ཐོགས་ཡོད།

ལམ་དུ་འགྲོ་སྐབས་ཀྱི་གཞི་རྩའི་གུས་སྲོལ།

༡ གུས་ཞབས་དང་གཞན་སྟོན་ལ་གཏོང་དགོས་པ།

རྒྱ་ལམ་སྒྲོལ་སྐབས་ང་ཚོ་ཚང་མས་སྒྲིག་ལམ་ལ་བརྩི་སྲུང་ཞུས་ནས་རིམ་པ་བཞིན་བསྒྱོད་དགོས། སྤྱིར་བཏང་གི་གུས་སྲོལ་གྱི་བླང་བྱ་ནི། གཞོན་པས་རྒན་པར་གཡོལ་དགོས་པ་དང་། བདེ་མ་ཐང་མས་དབང་པོ་སྐྱོན་ཅན་ལ་གཡོལ་དགོས་པ། སྐྱེས་པས་བུད་མེད་ལ་གཡོལ་དགོས་པ་བཅས་སོ། །

༢ རང་འགུལ་དང་འཚམ་འདྲི་ཞུ་བ།

ངོ་ཤེས་དང་འཕྲད་སྐབས་རང་འགུལ་དང་འཚམ་འདྲི་ཞུ་དགོས་པ་ལས་མ་མཐོང་ཁུལ་གྱིས་བྲེལ་འཚུབ་དང་སྐྱོད་མི་རུང་། གལ་ཏེ་ངོ་ཤེས་དང་ཕྲད་དེ་གཏམ་གླེང་བྱེད་དགོས་ཚེ་རང་འགུལ་དང་ལམ་ཟུར་དུ་ལངས་དགོས་པ་ལས་མི་གཞན་འགྲོ་སྐྱོད་བྱེད་པར་འགོག་རྐྱེན་བཟོ་མི་རུང་།

༣ འཕྲོད་བསྟེན་ལ་དོ་སྣང་བྱེད་དགོས།

ལམ་དུ་བསྐྱོད་སྐབས་གད་སྙིགས་དང་། ཁ་ལུད། སྣབས་རྩུག་སོགས་གང་བྱུང་དུ་གཡུགས་མི་རུང་ལ། ལམ་དུ་འགྲོ་གིན་ཟས་ཟ་བའི་གོམས་གཤིས་ངན་པ་དེ་རིགས་སྤོང་དགོས། དེ་ལྟར་བྱས་ཚེ་མིག་ལ་མཛེས་པོ་མེད་པའི་ཁར་གཙང་སྦྲ་ཡང་ཡག་པོ་ཡོང་མི་སྲིད།

༤ གུས་ཞབས་ཀྱི་སྒོ་ནས་ལམ་འདྲི་བ།

ལམ་འདྲི་བའི་སྐབས་ངེས་པར་དུ་ཞེ་ཚིག་སྤྱོད་དགོས་ཏེ། དཔེར་ན། ཐུགས་སུན་ཞུས་

སོང་དང་བཀའ་འདྲི་ཞུ་རྒྱུར་སོགས་སྤྱོད་དགོས་པ་དང་། ད་དུང་འོས་ཤིང་འཚམ་པའི་ཚིག་གིས་ཕ་རོལ་པོ་འབོད་དགོས་ཤིང་། ཕ་རོལ་པོའི་དྲིས་ལན་དེས་རང་གི་བློ་ཡིད་ཚིམ་མིན་ལ་མ་ལྟོས་པར་ལྷག་བསམ་རྣམ་དག་གིས་ཐུགས་རྗེ་ཆེ་ཞེས་བརྗོད་དགོས།

༥ ལྟ་ཉུབ་རྒྱག་མི་རུང་།

ཁྲིམ་ལམ་དུ་གཞན་ལ་ཉུབ་ནས་བལྟ་བ་ནི་མ་རབས་ཀྱི་བྱ་སྤྱོད་ཅིག་ཡིན། འཁྲིམ་འགྲུལ་དོན་རྐྱེན་བྱུང་བ་དང་། འཇོང་རེས་དང་རྩོད་རེས་བྱེད་སར་ཕྱིན་ཏེ་ཉུབ་ནས་བལྟ་མི་རུང་ལ། ཕྱི་རྒྱལ་གྱི་སྐུ་མགྲོན་དང་འཕྲད་སྐབས་ཀྱང་བལྟས་ནས་སྟོད་མི་རུང་། དེ་དག་ནི་གྲུས་ཞབས་མེད་པའི་བྱ་སྤྱོད་ཅིག་རེད།

ཀང་འཁོར་ཞོན་སྐབས་ངེས་དགོས་པའི་རྒྱུན་ཤེས།

ལོ་༡༢ལ་སོན་མེད་ཚེ་གཞུང་ལམ་ཐོག་ཀང་འཁོར་བཞོན་ནས་འགྲོ་མི་རུང་ལ། འཁོར་བཀག་མེད་པའམ་ཡང་ན་འཁོར་བཀག་གི་ནུས་པ་ཤོར་བ་སོགས་བདེ་འཇགས་འགན་སྲུང་མེད་པའི་ཀང་འཁོར་བཞོན་ནས་ལམ་དུ་སྐྱོད་མི་རུང་། འཕྲུལ་སྒུལ་འཁོར་ལམ་མ་ཡིན་པའི་འཁོར་ལམ་ཕུད་འཁོར་ལམ་གཞན་དུ་ཀང་འཁོར་བཞོན་མི་རུང་ལ། རླངས་འཁོར་སྐྱོད་སའི་ལམ་དུ་ཀང་འཁོར་སྦྱོང་མི་རུང་།

མཉམ་བསྲེས་བསྐྱོད་འཁོར་ལམ་དུ་འགྲོ་སྐབས་གཡས་སུ་གཅར་དགོས། གལ་ཏེ་ཁོད་མི་སྐྱོམས་པའི་བགྲོད་ལམ་དང་ཡང་ན་གྱེན་ཐུར་ཆེན་པོ་དང་ཕྲད་ཚེ། ཀང་འཁོར་ལས་བབས་ཏེ་འབུད་རྒྱག་བཏང་ནས་འགྲོ་དགོས་ཤིང་། གནམ་གཤིས་ངན་པ་དང་འཕྲད་སྐབས་མགྱོགས་ཚད་དལ་དུ་གཏོང་དགོས།

ཀང་འཁོར་བཞོན་སྐབས་ལག་ཧུ་ཅ་ལག་འཁྱེར་མི་རུང་ལ། ལག་པ་གཉིས་པོ་ཀང་འཁོར་གྱི་ལག་འཇུ་དང་བྲལ་མི་རུང་། ད་དུང་མི་གཉིས་ཀྱིས་ཀང་འཁོར་གཅིག་བཞོན་པ་སོགས་བྱེད་མི་རུང་། ཀང་འཁོར་བཞོན་ནས་འགྲོ་སྐབས་གཡས་འཁྱོག་གཡོན་འཁྱོག་བྱེད་པ་དང་། ཅ་སྒྲིག

པ། ཕན་ཚུན་འགྲན་བསྡུར་བཅས་བྱས་ནས་སྐྱོད་མི་རུང་།

རྐང་འཁོར་གཉིས་མཉམ་དུ་སྐྱོད་སྐབས་ཕན་ཚུན་ལག་པ་གཏོང་རེས་བྱེད་པ་དང་། སྐད་ཆ་ཤོད་བཞིན་དུ་སྐྱོད་པ། ཕན་ཚུན་འདེད་རེས་སོགས་བྱེད་མི་རུང་།

གྲུག་ལམ་དང་འཕྲད་སྐབས་མགྱོགས་ཚད་དལ་དུ་གཏོང་བ་དང་། སྔོན་ལ་རྒྱབ་ཕྱོགས་སུ་ རླངས་འཁོར་ཡོད་མེད་ལ་བལྟས་ཏེ། ལག་པ་བརྐྱངས་ནས་བརྡ་གཏོང་བ་ལས། ཟློ་བུར་དུ་ཁ་གཙུ་མི་རུང་། མདུན་ཕྱོགས་ཀྱི་རྐང་འཁོར་ལས་སྒྲོལ་སྐབས། མདུན་ཕྱོགས་ཀྱི་རྐང་འཁོར་དང་ཐག་ཉེ་དྲགས་པ་དང་། མྱུར་ཚད་མགྱོགས་དྲགས་པ་སོགས་བྱེད་མི་རུང་ལ་དེ་བས་རྐང་འཁོར་གཞན་དག་རྒྱུན་གཏན་དང་སྐྱོད་པར་འགོག་རྐྱེན་བཟོ་མི་རུང་།

འཁྲབ་སྟོན་ལ་ལྟ་སྐབས་བརྩི་སྲུང་ཉུ་དགོས་པའི་སྤྱིག་སྲོལ། ✧

༡ ཁ་པར་ཁ་རྒྱག་པའམ་སྒྲ་མེད་པ་བཟོ་དགོས།

འཁྲབ་སྟོན་ལ་ལྟ་བའི་སྐབས་ཟློ་བུར་དུ་ལག་ཐོགས་ཁ་པར་གྱི་དྲིལ་བརྡ་གྲགས་ཚེ། ལྟད་མོ་བ་གཞན་དག་ལ་བག་ཆགས་ངན་པ་འཇོག་སྲིད་ལ། འཁྲབ་སྟོན་ལའང་ཤུགས་རྐྱེན་ངན་པ་ཐེབས་ཉེན་ཡོད། གལ་ཏེ་འཁྲབ་སྟོན་བྱེད་བཞིན་པ་ནི་ཉེན་ཁའི་རང་བཞིན་དང་ལྡན་པའི་སྟངས་སྟབས་ཤིག་ཡིན་ཚེ། ཉེན་ཁའི་མཇུག་འབྲས་ཀྱང་ཐོན་སྲིད་པས། འཁྲབ་སྟོན་ལ་ལྟ་སྐབས། ཕན་ཚུན་ཤབ་ཤུབ་དང་སྐད་ཆ་ཤོད་པ་སོགས་བྱེད་མི་རུང་བར་ཁུ་སིམ་དང་སྡོད་རྒྱུ་ནི་ཆེས་གཞི་རྩའི་གུས་སྲོལ་ཞིག་ཡིན།

༢ གང་འདོད་དུ་འགྲོ་མི་རུང་བ།

རང་ཉིད་ཀྱི་འདུག་ས་བཙལ་ནས་བསྡད་རྗེས། ཕར་འགྲོ་ཚུར་འགྲོ་བྱེད་མི་རུང་། རྒྱུ་མཚན་ནི་སྤྱིར་བཏང་གི་ལྟད་མོ་བ་སྡོད་སའི་རྐུབ་སྟེགས་དབར་གྱི་བར་སྟོང་ནི་ཧ་ཅང་ཆུང་ཆུང་ཞིག་ལས་མེད། གལ་ཏེ་ཕར་འགྲོ་ཚུར་འགྲོ་བྱས་ཚེ། མི་གཞན་གྱིས་ཡར་ལངས་ནས་རང་འགྲོ་སར་བར་སྟོང་འཛུག་དགོས་ཀྱི་ཡོད་རྐྱེན། རང་ངོས་ནས་འཁྲབ་སྟོན་ལ་ཡག་པོ་ལྟ་མི་ཐུབ་

པ་མ་ཟད། ལྟད་མོ་བ་གཞན་དག་ལའང་འགོག་རྐྱེན་བཟོ་ཡི་ཡོད། གལ་ཏེ་དོན་དག་ངོ་མ་ཡོད་ཚེ་འཁྲབ་སྟོན་གྱི་སྔོན་ལ་སྐྱབ་པའམ་ཡང་ན་འཁྲབ་སྟོན་མཇུག་བསྒྲིལ་རྗེས་ཐག་གཅོད་བྱེད་དགོས།

༣ པར་ལེན་དང་བརྙན་ཕབ་བྱེད་མི་རུང་།

ལྟད་མོ་བ་ལ་ལས་འདྲ་པར་དང་བརྙན་ཕབ་ལ་བརྟེན་ནས་མཛེས་སྡུག་ལྡན་པའི་དུས་སྐབས་འདི་ཟིན་ཐོར་འགོད་འདོད་ཀྱིས། འཁྲབ་སྟོན་བྱེད་བཞིན་པའི་སྐབས་བར་མཚམས་མེད་པར་པར་ལེན་པའམ་ཡང་ན་བརྙན་ཕབ་བྱེད་ཀྱི་ཡོད། འདི་ནི་ལྟད་མོ་བ་གཞན་དག་ལ་སུན་སྣང་བཟོ་སྲིད་པའི་ཚུལ་དང་མི་མཐུན་པའི་བྱེད་སྒྱོད་ཅིག་ཡིན། ཚོགས་པ་ཁ་ཤས་ཀྱིས་པར་ལེན་པའམ་བརྙན་ཕབ་པར་བཀག་འགོག་བྱེད་ཀྱི་ཡོད། དེའི་སྐབས་འདི་ནི་མི་གཞན་གྱི་ཁེ་དབང་ལ་གནོད་འཚེ་གཏོང་བའི་བྱེད་སྟངས་ཤིག་ཡིན་པས། གལ་ཏེ་འཁྲབ་སྟོན་ཚོགས་པས་རྩད་གཅོད་བྱས་ན། ཁྱོད་ལ་བཅའ་ཁྲིམས་ཀྱི་ཆད་པ་ཕོག་སྲིད།

༤ སྒོད་སྟངས་ལེགས་པོ་དགོས་པ།

འཁྲབ་སྟོན་ལ་ལྟ་སྐབས་འཛུགས་པོར་འདུག་དགོས་པ་ལས། རྐུབ་སྟེགས་སྟེང་དུ་ཕར་ཀྱོག་ཚུར་ཀྱོག་བྱེད་པའམ་ཡང་ན་རྐང་པ་མདུན་གྲལ་གྱི་རྐུབ་སྟེགས་རྒྱབ་ཏུ་འཛོག་པ་སོགས་བྱེད་མི་རུང་ལ། དེ་བས་ལག་འཇུའི་སྟེང་དུ་འཛོག་མི་རུང་། འཁྲབ་སྟོན་མཇུག་བསྒྲིལ་བའི་ཁྲབ་བསྒྲགས་མ་བྱས་སྔོན་ལ་ཡར་ལངས་མི་རུང་། གལ་ཏེ་ལངས་ཚེ་རྒྱབ་ཀྱི་ལྟད་མོ་བ་འཁྲབ་སྟོན་ལ་བལྟ་རྒྱུར་འགོག་རྐྱེན་བཟོ་ངེས།

༥ སྐབས་དང་བསྟུན་ཏེ་ཐལ་མོ་རྡེབ་པ།

འཁྲབ་སྟོན་ལ་ལྟ་སྐབས་དུས་དང་བསྟུན་ནས་ཐལ་མོ་རྡེབ་པ་དེ་འཁྲབ་སྟོན་པར་བསྟི་འཇོག་བྱས་པ་ཡིན་ལ། ཁོང་ཚོར་སྐུལ་ལྕག་དང་ཁས་ལེན་བྱས་པ་ཞིག་ཀྱང་ཡིན། འཁྲབ་སྟོན་གང་འདྲ་ཞིག་ཡིན་རུང་སྣང་མེད་བྱེད་མི་རུང་། ལྷག་པར་དུ་དོ་སྣང་བྱེད་དགོས་པ་ཞིག་ལ།

གལ་ཏེ་འཁྲབ་སྟོན་པས་འཁྲབ་སྟོན་བྱེད་པའི་བརྒྱུད་རིམ་ཁྲོད་སྐྱངས་སྐྱབས་སོགས་ལ་ནོར་འཁྲུལ་བྱུང་ཚེ། དགའ་འཕོད་དང་ཐལ་མོ་རྡེབ་པ་སོགས་བྱེད་མི་རུང་། དེ་ནི་ལྟད་མོ་བའི་ཆེས་གཞི་རྩར་གྱུར་པའི་སྒྲིག་ལམ་ཞིག་ཡིན་ལ། འཁྲབ་སྟོན་པར་བརྩི་འཇོག་བྱས་པ་ཞིག་ཀྱང་ཡིན།

ལེའུ་དྲུག་པ།

མཉམ་དུ་འགྲོགས་སྐབས་གུས་སྲོལ་
གཙུག་ཏུ་བཀུར་ན། གྲོགས་པོ་བློ་ཁྲུབ་
བྱུང་བའི་ཚོགས་བཞིན་འཁོར་ངེས།

མི་དང་མིའི་དབར་གྱི་འབྲེལ་བ་ཞེས་པ་ནི་ཕན་ཚུན་འབྲེལ་འདྲིས་བྱེད་པ་ལ་ཟེར། དེ་ནི་མི་རྣམས་ཀྱིས་སྐད་ཆ་དང་། ཁང་ལག །སྟངས་སྟབས། རྣམ་འགྱུར། ཡི་གེ་སོགས་འབྲེལ་འདྲིས་ཀྱི་ཐབས་ལམ་བརྒྱུད་དེ་ཆ་འཕྲིན་མི་གཞན་ལ་བརྒྱུད་སྤྲོད་བྱེད་པའི་བརྒྱུད་རིམ་ཞིག་ཡིན། འབྲེལ་འདྲིས་ཁྱོད་ཀྱི་གུས་སྲོལ་ནི་ཕན་ཚུན་འབྲེལ་འདྲིས་བྱེད་པའི་བརྒྱུད་རིམ་ཁྲོད་ཀྱི་འདུམ་འགྲིག་གི་ནུས་པ་ལྡན་པའི་སྨན་རྫས་ཤིག་དང་འདྲ་བར། མི་དང་མིའི་དབར་གྱི་འགལ་བ་ཆུང་དུ་གཏོང་ཐུབ་ལ། འཆམ་མཐུན་གྱི་འབྲེལ་བ་འཛུགས་པར་ཡང་ཕན་པ་ཆེན་པོ་ཡོད།

སྤྱི་ཚོགས་འབྲེལ་འདྲིས་ཀྱི་གུས་སྲོལ་སློབ་སྦྱོང་བྱེད་པའི་གལ་ཆེའི་རང་བཞིན།

༡ མི་དང་མིའི་དབར་གྱི་འབྲེལ་བ་ལེགས་པོ་འཛུགས་པར་ཕན་པ་ཡོད་པ།

མི་དང་མིའི་དབར་འབྲེལ་བ་ལེགས་པོ་ཞིག་འཛུགས་ཐུབ་ཚེ། འཆམ་མཐུན་ལྡན་པའི་སེམས་ཁམས་ཤིག་ཆགས་པར་ཕན་པ་ཡོད་ལ། དུས་མཚུངས་མི་རྣམས་ཀྱི་སེམས་ཁམས་བདེ་ཐང་ལ་ཡང་ཤུགས་རྐྱེན་བཟང་པོ་ཐེབས་ཐུབ།

༢ ང་ཚོར་ཡང་དག་པའི་སྣོ་ནས་མི་གཞན་དང་འགྲོག་ལུགས་སློབ་པར་ཕན་པ་ཡོད་པ།

ཇི་ལྟར་བྱས་ནས་ཡ་རབས་ཚུལ་ལྡན་གྱི་མི་ཞིག་བྱ་དགོས་པ་དང་། ང་ཚོར་རྣམ་པ་ལེགས་པོ་ཞིག་བསྟན་རོགས་བྱས་ཏེ། སྤྱི་ཚོགས་ཐོག་སྟར་ལས་ལྷག་པའི་སྣོ་ནས་འཕེལ་རྒྱས་ཡོང་རྒྱུར་ཕན་པ་ཆེ།

༣ སྤྱི་ཚོགས་ཀྱི་ལམ་སྲོལ་བཟང་པོ་ཞིག་ཆགས་པར་ཕན་པ་ཡོད་པ།

མི་དང་མིའི་དབར་དང་། མི་དང་སྤྱི་ཚོགས་དབར་འཆམ་མཐུན་ཡོང་འགྱུར་ཡར་སྐྱེལ་གྱི་ནུས་པ་ཐོན་ཞིང་སྤྱི་ཚོགས་རིང་ལུགས་ཀྱི་བསམ་པའི་དཔལ་ཡོན་འཛུགས་པར་སྐུལ་འདེད་ཐེབ་ཡོད།

གནམ་སྤྱོད་གུས་སྲོལ་གྱི་གཞི་རྩའི་ལྷང་ཐྱ།

༡ ཡ་རབས་བབ་ཆགས་ལྡན་པ།

གཙོ་བོ་མི་དང་གླེང་མོལ་བྱེད་སྐབས་ཞེ་ཚིག་སོགས་ཡ་རབས་གུས་ཞབས་ལྡན་པའི་སྐད་ཆ་མང་ཙམ་ཤོད་དགོས།

༢ གླེང་མོལ་བྱེད་སྐབས་ཚོད་རན་པ།

སྐད་ཆ་ཤོད་སྐབས་སྐད་ཆ་གང་ཞིག་བཤད་འོས་པ་དང་། གང་ཞིག་བཤད་མི་འོས་པ། སྐད་ཆ་འགའ་ཞིག་གང་འདྲ་བྱས་ཏེ་བཤད་ན་གླེང་མོལ་གྱི་དམིགས་ཡུལ་དེ་བས་ལེགས་པའི་སྣོ་ནས་འགྲུབ་ཐུབ་པ་བཅས་ནི་གནམ་གླེང་གུས་སྲོལ་ཁྲིད་དོ་སྣང་བྱེད་དགོས་པའི་གནད་དོན་ཞིག་ཡིན། སྐད་ཆ་ལ་ལ་གཞན་ལ་ཕན་པའི་སྐད་ཆ་ཡིན་མོད། འོན་ཀྱང་པཤད་སྟངས་མི་འགྲིག་པས་མཇུག་འབྲས་ངན་པ་འབྱུང་སྲིད། དེར་བརྟེན་ཤོད་དགོས་པའི་སྐད་ཆ་ལ་ལར་ཚོད་རན་ཙམ་དང་། གང་ཐུབ་ཀྱིས་ཞེ་ཚིག་སྤྱོད་དགོས།

༢ གླིང་སོལ་བྱེད་སྐབས་དོ་སྣང་བྱེད་དགོས་པའི་འཛེམ་བྱ།

གླིང་སོལ་བྱེད་པའི་བརྒྱུད་རིམ་ཁྲོད་དུ་སྤྱིའི་ཆ་ནས་སྐེར་གྱི་གསང་དོན་དང་འབྲེལ་བའི་གནད་དོན་གླེང་མི་རུང་། དཔེར་ན། ལོ་ཚོད་དང་། གཉེན་སྒྲིག་གནས་ཚུལ། སྡོད་གནས། ཡོང་འབབ། དད་མོས། ཉམས་མྱོང་སོགས་ནི་གཞན་གྱི་གསང་བ་ཡིན་པས་ཨུ་ཚུགས་ཀྱིས་འདྲི་མི་རུང་། སྤྱིའི་ཆ་ནས་བཀྲ་མི་ཤིས་པ་དང་རྐྱེན་ངན་སོགས་བློ་ཡིད་མི་བདེ་བའི་སྐོར་གླེང་མི་རུང་། ད་དུང་མི་གཞན་དང་འབྲེལ་བ་ཟབ་མ་ཟབ་ལ་དོ་སྣང་བྱ་དགོས་ཤིང་། འདྲིས་རྟག་པོ་མེད་པའི་མི་ལ་ཟོལ་མེད་ཀྱི་ཁ་ཏ་མི་བྱེད་པ་འདིའང་སྐད་ཆའི་སྒྱུ་རྩལ་ཞིག་རེད།

༣ གླིང་སོལ་བྱེད་སྐབས་རྣམ་འགྱུར་ལ་དོ་སྣང་བྱེད་དགོས།

གླིང་སོལ་བྱེད་པའི་བརྒྱུད་རིམ་ནང་སྐད་ཆ་ཕུད་པའི་ཉམས་འགྱུར་ཡང་ཧ་ཅང་གལ་ཆེན་ཞིག་ཡིན། གླིང་སོལ་བྱེད་སྐབས་ཕན་ཚུན་ལྟ་སྟངས་ཡང་དག་འཛིན་པ་དང་ཕན་ཚུན་

ཉན་རེས་བྱེད་དགོས་པ་ལས། ལུས་པོ་ཕར་འགྱུལ་ཚུར་འགྱུལ་དང་མིག་ཕར་གཡེང་ཚུར་གཡེང་བྱེད་མི་རུང་། ཕ་རོལ་པོའི་གནས་ག་གེ་མོ་ཞིག་ལ་མིག་ཅེར་ནས་བསྡད་ན་ཕ་རོལ་པོར་མི་བདེ་བའི་ཚོར་བ་སྐྱེར་སྲིད་པས་དེ་ལྟར་བྱེད་མི་རུང་། དེ་བས་བྱ་སྤྱོད་འགག་ཞིག་སྤོང་དགོས་ཏེ། དཔེར་ན་སེན་མོ་འདྲུ་བ་དང་གྱོན་གོས་ཀྱི་ཆ་ག་གེ་མོར་རྩེད་མོ་རྩེད་ནས་སྡོད་པ་སོགས་ནི་གུས་ཞབས་མེད་པའི་བྱ་སྤྱོད་ཡིན་པས་སྤོང་དགོས།

སྤྱི་ཚོགས་འབྲེལ་འདྲིས་ཁྲོད་ཀྱི་འཛེམ་བྱ།

༡ སྤྱོད་པ་རྩུབ་པོ་སྤོང་དགོས།

འབྲེལ་འདྲིས་བྱེད་པའི་བརྒྱུད་རིམ་ནང་། མི་ལ་ལས་སྡུབས་བདེ་སྤྱོད་རྩིང་དང་བྱ་པར་ཟབ་འཇུག་མི་བྱེད་པ་ནི་ངལ་རྩོལ་མི་དམངས་ཀྱི་རང་གཤིས་དང་། ཡ་རབས་ཀྱི་སྤྱོད་ཚུལ་དང་ཆོག་འཛམ་གྱི་གཏམ་སྙིང་ནི་འགྱུར་ལྡན་གྲལ་རིམ་གྱི་ཐོན་དངོས་ཡིན་པར་ངོས་འཛིན་བྱེད་ཀྱི་ཡོད་པས། ནོར་འཁྲུལ་གྱི་ལྟ་བ་འདིས་དེང་རབས་སྤྱི་ཚོགས་ཀྱི་འབྲེལ་འདྲིས་ལ་གནོད་པ་ལས་ཕན་པ་མེད།

༢ དོན་མེད་དུ་ཁོང་ཁྲོ་ཟ་བ་སྤོང་དགོས།

དགའ་བ་དང་ཁྲོ་བ་ནི་མིའི་རྒྱུན་གཏན་གྱི་ཉམས་འགྱུར་ཞིག་ཡིན། སེམས་ཁམས་མི་བདེ་བའི་སྐབས། དོན་མེད་དུ་རང་གི་ཉེ་འཁྲམ་གྱི་མི་ལ་ཁོང་ཁྲོ་ཟ་བ་ནི་ཚུལ་དང་མ་མཐུན་པའི་བྱ་སྤྱོད་ཅིག་ཡིན་པས། རང་གི་གཤིས་ཀར་ཚོད་འཛིན་བྱེད་ཤེས་པ་བྱས་ཏེ་ཁོང་ཁྲོ་འཇོམ་ཐབས་བྱེད་དགོས། གལ་ཏེ་དོན་མེད་དུ་ཁོང་ཁྲོ་ལངས་ན་མི་གཞན་དག་གིས་རང་ཉིད་ལ་ཕྱི་ཡི་གུས་ཚུལ་ཙམ་འདོན་པ་ལས་དོན་དོ་མའི་ཡི་རང་བྱ་མི་སྲིད།

༣ གཏམ་འཆལ་སྨྲོག་མི་རུང་།

འབྲེལ་འདྲིས་བྱེད་པའི་བརྒྱུད་རིམ་ནང་ཕན་ཚུན་སྙིང་གཏམ་ཆོག་ཁ་ཤས་བརྗོད་པ་ནི

ལུགས་དང་མཐུན་མོད། འོན་ཀྱང་མི་དང་འཕྲད་སྐབས་མཐོ་བཤད་དམའ་བཤད་དང་། དབྱེན་སྦྱོར་རྩོད་སློང་། མི་གཞན་གྱི་གོད་ཆག་སོགས་ལ་སྙིང་ཚིམ་པ་དང་ཆ་སྙོན་ཡ་སྙོན་གཏན་ནས་བྱེད་མི་རུང་།

༨ སྐད་ཆ་ཐལ་དྲག་མི་རུང་།

མི་གཞན་དང་སྐད་ཆ་བཤད་སྐབས་དངོས་ཐོག་བདེན་འཚོལ་བྱེད་དགོས་པ་ལས་ཁུད་བཛོད་བྱེད་མི་རུང་ལ་དེ་བས་མི་མང་འདུ་སར་མི་གཞན་ལ་ཐལ་དྲག་པའི་ཀུ་རེ་རྩེད་མི་རུང་།

སྒྲི་ཚོགས་ཀྱི་འབྲེལ་འདྲིས་ལ་ཐུགས་རྗེན་ཐེབས་པའི་རྒྱུ་རྐྱེན།

༡ འབྲེལ་འདྲིས་ཀྱི་སྐད་ཆའི་ནུས་པ།

འབྲེལ་འདྲིས་ཀྱི་ཕན་འབྲས་བཟང་ངན་ནི་ཕྱོགས་གཉིས་ཀའི་དབར་ངོས་འཛིན་གཅིག་མཐུན་དང་། རྒྱབ་རྟེན། ཕན་ཚུན་བསམ་ཤེས་བཅས་ཀྱི་ཚད་ལ་རག་ལས་ཡོད། འབྲེལ་འདྲིས་ཀྱི་ཁྲོད་དུ། འོས་འཚམ་དང་། ཡང་དག་པ། གོ་བདེ་བ། མངོན་ཤུགས་ཀྱིས་ཕྱུག་པ་བཅས་ཀྱི་སྐད་བརྡ་བཀོལ་སྤྱོད་བྱས་ན། གཞན་གྱིས་ལས་སླ་པོར་གོ་ཐུབ་ལ། ཕན་ཚུན་དབར་གྱི་འབྲེལ་འདྲིས་ཀྱང་སྔར་བས་བདེ་བླག་ཡོང་བ་ཙམ་མ་ཟད་བརྩེ་དུང་ཡང་ཇེ་ཟབ་ཏུ་འགྲོ་ཐུབ།

༢ ཀུན་སྤྱོད་དང་བློ་སྤྱོད།

ཀུན་སྤྱོད་དང་བློ་སྤྱོད་ཅུང་ལེགས་པ་ཚོ་ནི་དུས་རྒྱུན་གྱི་སྙིང་སོལ་དང་། འབྲེལ་འདྲིས་བྱེད་པའི་བརྒྱུད་རིམ་ཁྲོད་དུ་མི་གཞན་དང་མཛའ་མཐུན་མཉམ་གནས་བྱེད་སླ་བ་མ་ཟད། མི་དང་མིའི་དབར་གྱི་འབྲེལ་བའི་སྤྱོད་ཚུལ་འཛིན་སྟངས་ཐད་ཐག་གཅོད་འོས་ཤིང་འཚམ་པར་བྱེད་ཐུབ་ལ། ཐུན་མོང་གི་འགན་འཁྲིའི་བསམ་བློ་དང་འོས་འགན་གྱི་བསམ་བློ་ཆེན་པོ་ལྡན་ཡོད། ཀུན་སྤྱོད་དང་བློ་སྤྱོད་ལེགས་པོ་མེད་པའི་མི་ཡིས་རྒྱུན་དུ་རང་ཉིད་གཅིག་པུ་ལས། མི་གཞན་དང་དེ་མཐུན་གྱི་བྱ་བར་སེམས་ཁུར་བྱེད་ཀྱི་མེད་པས། ཐུན་མོང་དང་རིགས་འདྲིས་

བྱེད་དགའ་བ་ཡོད།

༣ གཉིས་ཀའི་རྒྱུ་རྐྱེན།

མི་ཚང་མ་ཐོག་མར་སྐྱེས་པ་ནས་འདྲ་ཡི་མེད། སྐྱེ་འཚར་གྱི་ཁོར་ཡུག་དང་ཕ་མའི་སློབ་གསོ། སློབ་གསོའི་རྒྱབ་ལྗོངས་སོགས་ཚང་མ་མི་འདྲ་བས་གཉིས་ཀར་ཡང་ཤུགས་རྐྱེན་མི་འདྲ་བ་ཐེབས་ཀྱི་ཡོད། དེར་བརྟེན། ང་ཚོས་མི་གཞན་དང་འབྲེལ་འདྲིས་མང་ཙམ་བྱས་ན། གཞན་དང་འབྲེལ་འདྲིས་བྱེད་པའི་གོམས་གཤིས་བཟང་པོ་ཞིག་རིམ་གྱིས་ཆགས་ཐུབ་ལ། དེ་བས་གཞན་དང་འབྲེལ་འདྲིས་བྱེད་བདེ་བར་འགྱུར་བ་མ་ཟད། ངོ་མི་ཤེས་པའི་མི་དང་འབྲེལ་འདྲིས་བྱེད་པའི་ཁྲིད་ཀྱི་དཀའ་ཁག་དག་ཀྱང་ནུས་ལྡན་ངང་སེལ་ཐུབ་བོ།། །།

གཞོན་ནུ་ལོ་ཆུང་གི་གུས་ལུགས་སློབ་གསོའི་ཤེས་བྱའི་ལག་དེབ།

གཙོ་སྒྲིག་པ། ཀྲང་ལི།

རྩོམ་སྒྲིག་འགན་འཁུར་བ། ཚེ་དཔག ཀྲའོ་པའོ་ལིས།

ཡིག་སྒྱུར། ཡེ་ཤེས་རབ་རྒྱས།

དེབ་གཞིའི་མཛེས་འཆོས་པ། ལྷ་མོ།

དཔེ་སྐྲུན། བོད་ལྗོངས་བོད་ཡིག་དཔེ་རྙིང་དཔེ་སྐྲུན་ཁང་། སྦྲག་ཨང་། 850000

པར་གཞི་ཀྲུ་སྦྱོད་ལ་རྟུང་རྗེག་གཏོང་། 0891-6930339

པར་འདེབས་ཚན་པ། སེན་ཧོ་གྲོང་ཁྱེར་ཐེང་ཧྲི་པར་འདེབས་ཚད་ཡོད་ཀུང་སི།

བརྒྱུད་འགྲེམ། རྒྱལ་ཡོངས་ཤིན་ཧྭ་དཔེ་ཚོང་ཁང་།

དེབ་ཚད། 710mm×1 000mm 1/16

པར་ཤོག 7.75

པར་གྲངས། 01—3,000

ཡིག་གྲངས། ཁྲི་7.44

པར་གཞི། 2022ལོའི་ཟླ་11པར་པར་གཞི་དང་པོ་བསྒྲིགས།

པར་ཐེངས། 2022ལོའི་ཟླ་11པར་པར་ཐེངས་དང་པོ་བཏབ།

དཔེ་རྟགས། ISBN 978-7-5700-0711-0

རིན་གོང་། སྒོར་31.00